Im Knaur Taschenbuch Verlag sind bereits
folgende Bücher des Autors erschienen:
Lebenslust – Wider die Diätsadisten,
den Gesundheitswahn und den Fitnesskult
Gott – Eine kleine Geschichte des Größten

Über den Autor:
Dr. med. Dipl.-Theol. Manfred Lütz ist Facharzt für Psychiatrie
und Psychotherapie sowie Kabarettist. Seit 1997 ist er Chefarzt
des Alexianer-Krankenhauses in Köln. Er berät große Wirt-
schaftsunternehmen und begleitet ehrenamtlich eine integrative
Behindertengruppe. Lütz publizierte zahlreiche Bestseller, darunter 2002 *Lebenslust – Wider die Diätsadisten, den Gesundheitswahn und den Fitnesskult* und 2007 *Gott – Eine kleine Geschichte des Größten,* für das er den internationalen Buchpreis
»Corine« erhielt. Mit *Irre! Wir behandeln die Falschen, unser
Problem sind die Normalen* führte er 2009 wochenlang die
Bestsellerlisten an. 2012 gelang ihm mit *Bluff – Die Fälschung
der Welt* ein ähnlicher Erfolg.

Manfred Lütz
Bluff!
Die Fälschung der Welt

In diesem Buch ist aus rein pragmatischen Gründen der Lesbarkeit in der Regel die männliche Sprachform gewählt worden, wofür ich Leserinnen um Verständnis bitte. Der Paartherapeut Jürg Willi konstruierte den Satz: »Wenn man/frau mit seiner/ihrer Partner/in zusammenleben will, so wird er/sie zu ihr/ihm in ihre/seine oder sie/er in seine/ihre Wohnung ziehen«, um deutlich zu machen, dass eine befriedigende Lösung des Sprachproblems nicht möglich ist. »Ich ziehe die einfache Sprache der zwar korrekten, aber unübersichtlicheren vor.« Diese Auffassung teile ich.

Besuchen Sie uns im Internet:
www.knaur.de

Vollständige Taschenbuchausgabe Juni 2014
Knaur Taschenbuch

© 2012 Droemer Verlag
Ein Unternehmen der Droemerschen Verlagsanstalt
Th. Knaur Nachf. GmbH & Co. KG, München.
Alle Rechte vorbehalten. Das Werk darf – auch teilweise – nur mit
Genehmigung des Verlags wiedergegeben werden.
Umschlaggestaltung: ZERO Werbeagentur, München
Umschlagabbildung: © Reitze de la Maza
Satz: Adobe InDesign im Verlag
Druck und Bindung: CPI – Clausen & Bosse, Leck
ISBN 978-3-426-78579-9

2 4 5 3 1

Inhalt

Vorwort VII
Einführung – Eine unheimliche Frage IX

I. Auftakt

1. Anti-Aging im Mittelalter – Ein Mönch irrt 3
2. Frösteln im falschen Film –
   Das Abenteuer des Truman Burbank 11
3. Kulissen – Über röhrende Hirsche und
   erotische Missverständnisse 21

II. Das Welttheater

1. Propagandisten der Täuschung – Die Weisheit
   der Wissenschaft und die Tricks ihrer Fälscher 33
   a) Jäger, Sammler und der Brotpreis in der Eifel . . . 33
   b) Der Irrtum des Richard Dawkins 36
   c) Wo Papst und Teufel einer Meinung sind 42

2. Psycho-Fälscher – Die Auflösung der Wahrheit
   in Psychologie und wie ich ein Burnout-Burnout
   bekam 50
   a) Die Ermordung einer schönen Theorie
      durch eine hässliche Tatsache 50
   b) Ein phantastischer Opernbesuch 58
   c) Coachen, bis der Arzt kommt 64

V

3. Agenturen des Irrtums – Glanz und Elend
   der Medien oder ein Hauch von Welt 77
   a) Die Kiste, die die Welt bedeutet 77
   b) Der eingebildete Kranke stirbt 89
   c) Leben im Netz 95

4. Profiteure der Lüge – Die Reichen und die
   Schönen oder Leben wie Gott in Frankreich 103
   a) Der Weihnachtsmann verkauft sein Fest 104
   b) Die Finanzwelt ruft zum Hammelsprung 110
   c) Die Castinggesellschaft spielt Jüngstes Gericht . 118

5. Produzenten des Scheins – Spirituelle Prothesen
   oder Religionen aus dem Baumarkt 124
   a) Wie man den Tod vermeidet 124
   b) Das Runde muss ins Eckige 131
   c) Esoterische Plastikreligionen 134

III. Finale

1. Die Vergewaltigung der Geschichte – Was
   kümmert mich mein Geschwätz von gestern? 147
2. Entdeckungen –
   Das wirkliche Leben und die wahre Welt 162
3. Wie geht es hier raus? 183

Vorwort

Fälschungen sind immer spektakulär. Geldfälscher und Kunstfälscher sind schillernde Gestalten, die die Phantasie anregen. Meist geht es um Millionen, und diese spannenden Kriminalgeschichten sind gewöhnlich filmreif. Doch Geldscheine und Gemälde sind ja im Grunde lächerlich kleine Gegenstände im Verhältnis zur großen weiten Welt. Was aber, wenn die ganze Welt eine Fälschung wäre? Wenn alles, was uns umgibt, absichtlich oder unabsichtlich eine einzige gigantische Täuschung wäre? Wenn wir in einer künstlichen Plastikwelt lebten, hinter der die eigentliche Wahrheit verborgen bleibt?

Keine Sorge, der Autor ist nicht verrückt, im Gegenteil, er ist Psychiater. Aber er sieht deutliche Hinweise darauf, dass die Welt nicht stimmt, in der Sie leben, und dass die unheimliche Vermutung zutrifft, dass ein Schwindel im Gange ist, der schwindelerregend ist. Und dieser Schwindel betrifft uns mehr oder weniger alle. Ihn aufzuklären ist die Absicht dieses Buches, damit der Leser am Ende klarer sieht und sich selbst befreien kann aus den Fallstricken des Irrtums, aus den Trugbildern des Scheins, aus den aufgedrängten Lügengeschichten, die ihn daran hindern, er selbst zu sein. Es geht um Aufklärung, aber auch um Auswege aus einem gefälschten Leben und um Einsichten, die die Grundlagen unserer Existenz betreffen und die jedem möglich sind, wenn er nur will.

Bei meinem Buch »Gott – Eine kleine Geschichte des Größten« blieb am Ende die Frage offen, wie eine Welt ohne Gott erklärbar wäre, und bei »Irre! Wir behandeln die Falschen« blieb unklar, wohin uns die Tyrannei der Normalität treibt. Auch darum wird es hier gehen. Aber um es gleich zu Anfang deutlich zu sagen: Ich glaube nicht, dass die Fälschung der Welt, von der hier die Rede ist, ein psychiatrisches Phänomen ist. Ich glaube also nicht, dass alle Menschen, ohne es zu merken, eine Welt halluzinieren, die es gar nicht gibt. Und ich glaube auch nicht, dass es sich um Visionen und Ekstasen handelt, über die vielleicht der Theologe Auskunft geben könnte. Ich bin vielmehr der Überzeugung, dass wir alle unter machtvollen Einflüssen stehen, die uns daran hindern, die Welt so zu sehen, wie sie in Wirklichkeit ist, und dass diese Täuschung inzwischen gefährliche Ausmaße annimmt.

Ich glaube also, wenn Sie mir dieses klare Wort gestatten, Sie irren, verehrte Leserinnen und Leser. Zugegeben, das ist eine kühne These, und sie klingt vielleicht etwas reißerisch, aber wenn sie tatsächlich zutrifft, dann kann das niemanden kaltlassen, denn dann läuft jeder Gefahr, während der vergleichsweise kurzen unwiederholbaren Zeit zwischen Geburt und Tod einem Bluff aufzusitzen, bloß ein gleichgültiges Spiel zu spielen und am Ende sein eigentliches einmaliges Leben aus Versehen zu verpassen.

Ich wünsche Ihnen also eine beunruhigende Lektüre mit einem erhellenden Ergebnis.

Manfred Lütz

Einführung –
Eine unheimliche Frage

Der erfolgreiche Manager bekommt einen Anruf: »Ich hätte da eine interessante Position für Sie.«
»Danke, ich bin mit meinem Job zufrieden.«

»Entschuldigung, wissen Sie denn nicht, dass man Ihnen gekündigt hat?« – »Nein, ich weiß von gar nichts.« Doch der Anrufer hat recht.

Der Manager ist wie vom Donner gerührt. Für einen Moment denkt er, das, was er da gerade gehört hat, müsse eine Einbildung sein, das könne nicht wirklich wahr sein. Erst langsam dämmert ihm, dass ihm tatsächlich gerade eben der Teppich unter den Füßen weggezogen wurde.

Nicht immer geht es so dramatisch zu, doch jeder Mensch hatte schon einmal das Gefühl, im falschen Film zu sein. Es sind meist vorübergehende irritierende Momente. Wenn plötzlich der Lehrer, der Professor, der Chef in einer entscheidenden Situation etwas fragt, womit man überhaupt nicht gerechnet hatte. Obwohl man sich doch auf alles, auf wirklich alles, gründlich vorbereitet hatte. Eine Frage wie von einem anderen Stern. Und man hat nicht den blassesten Schimmer, auf was der Mann da hinauswill. Dennoch spürt man genau, dass das nicht irgendeine Frage ist. Alles scheint von der Antwort abzuhängen. Das Herz schlägt einem bis zum Hals, das Adrenalin meldet eine Notfallreaktion, mit einem Mal erscheint die ganze Umgebung unwirklich grell. Man möchte auf der Stelle in den Boden versinken, möchte aus dem Alptraum aufwachen, man möchte, dass es einem wie Schuppen von den Augen fällt. Aber nichts tut sich: Die Welt des Fragestellers scheint Lichtjahre von der eigenen Welt entfernt zu sein. Wie immer man es wendet: Die Wirklichkeit, nach der soeben gefragt wurde, kommt in der eigenen Wirklichkeit einfach nicht vor. Und für einen ganz kurzen Moment kann die Frage aufblitzen: Könnte es sein, dass dieser Zustand nie mehr aufhört, dass plötzlich klarwird, dass man sich in einer Welt verlaufen hat, die gar nicht die wirkliche Welt ist? Und wenn es nur eine einzige wahre Welt geben kann, lebt man dann vielleicht selbst seit langem schon, ohne es zu bemerken – in einer grandiosen Fälschung? Ist die Welt, ist das Leben, ist mein Bewusstsein, zu existieren, ein einziger großer Bluff?

Solche erschütternden Augenblicke maßlosen Entsetzens verstören für kurze Zeit unser Zutrauen zu der Welt, in der wir leben. Und weil das kein Mensch lange aushält, beeilen wir uns, das Ganze herunterzuspielen. Wir reden uns selbst beruhigend zu, wie Kindern, denen man mit eindringlicher Stimme erklärt, dass es den bösen Wolf in Wirklichkeit gar nicht gibt. Was bekanntlich weder wirklich noch metaphorisch die Wahrheit ist, aber dem Kind den Schlaf und uns das ruhige Gewissen zurückgibt, das Kind nicht unnötig geängstigt zu haben. Das Valium, mit dem wir unser Erschrecken in solchen Momenten der Irritation wegschaffen, um schleunigst unser inneres Gleichgewicht wiederherzustellen, ist entweder Arroganz oder Bescheidenheit. Entweder wir erklären den Fragesteller für irgendwie verrückt, oder wir geben zu, dass wir die richtige Antwort gewusst hätten, wenn wir uns nur besser vorbereitet hätten. Und damit scheint die Kuh fürs Erste vom Eis. Unsere Welt ist wieder in Ordnung, eine Welt, in der es unumstößliche Wahrheiten gibt, die alle kennen und über die alle also selbstverständlich miteinander reden können. Oder etwa nicht?

Doch wer tiefer nachdenkt, den beginnt es bei dem Gedanken zu frösteln, dass es auch ganz anders sein könnte, dass nämlich das erschreckende Gefühl, in einem völlig anderen Film zu leben, die Wahrheit sein könnte. Es beschleicht ihn die Furcht, dass die Welt, in der er und nur er lebt, möglicherweise gar nicht die wahre Welt ist. Und dass es irgendwann einmal eine Frage, ein Erlebnis oder einfach einen Knall geben könnte, der den ganzen Schwindel entlarvt und klarmacht, dass die Welt ein gigantisches Theaterspiel ist, eine aufwendige Inszenierung, die einem die tröstende Illusion vermittelt, von anderen verstanden zu werden und selber andere zu verstehen, obwohl in Wahrheit niemand, absolut niemand, so denkt und so fühlt wie man selbst. Also noch einmal die Frage: Könnte es nicht sein, dass die Welt, in der wir zu leben meinen, nichts anderes ist als eine einzige spektakuläre Fälschung?

Nichts spricht dafür, werden Sie vielleicht sagen. Bisher sind Sie ganz selbstverständlich davon ausgegangen, dass Sie aus Erfahrung im Großen und Ganzen wissen, was und wie die Welt wirklich ist, und Sie haben diese Erfahrung ganz problemlos an andere weitergegeben. Doch auch da gibt es einen beunruhigenden Gedanken. Kein Mensch hat schon einmal im nächsten Jahr gelebt, im nächsten Monat, am nächsten Tag, ja noch nicht einmal in der nächsten Minute. Daher kann auch niemand mit Sicherheit sagen, dass nicht in der nächsten Minute etwas ganz Außerordentliches, nie Dagewesenes passieren wird, das alles in Frage stellen wird, von dem wir bisher ausgegangen sind. Und wenn bis jetzt der Eindruck von der Welt, die uns umgibt, völlig unproblematisch war und es keine Hinweise auf eine Fälschung gab, so kann das in der nächsten Minute, so kann das schon beim Umblättern dieser Seite, nach Lektüre dieses Buches oder wenn Sie jetzt gleich das Zimmer verlassen, völlig anders sein. Dass es immer so weitergehen wird, weil es bisher immer so weitergegangen ist, ist nichts anderes als ein beruhigender Irrtum.

I.
Auftakt

1.
Anti-Aging im Mittelalter –
Ein Mönch irrt

Eine alte, unheimliche Geschichte, erzählt vom Mönch von Heisterbach. Es war im Mittelalter. Trutzig ragten die Burgen am Rhein empor, die Ritterkultur stand in voller Blüte, und die spannendsten geistlichen Abenteuer hatte der Zisterzienserorden zu bieten. Zu Tausenden hatten sich die Söhne der edelsten Familien, aber auch einfache Leute von den Predigten des Bernhard von Clairvaux begeistern lassen und waren in diesen Orden eingetreten, der doch nichts anderes sein wollte als eine Erneuerung des Benediktinerordens. Strenger sollte es zugehen bei den Zisterziensern, so wie es Benedikt von Nursia wirklich gemeint hatte, ohne Pracht und Reichtum, wohl aber mit viel Arbeit, vor allem Feldarbeit. Hunderte Zisterzienserklöster entstanden in ganz Europa. Nicht oben hoch auf Bergen wie viele Benediktinerabteien, sondern in fruchtbaren Tälern und Auen lagen die Zisterzen. Und so hatten Mönche aus Himmerod in der Eifel auch im idyllischen Heisterbach, nahe beim Rhein, im Siebengebirge, ein Kloster gegründet.

Wie überall bei den Zisterziensern, so war auch hier der ganze Tag durch die Gebetszeiten gegliedert. Schon um vier Uhr morgens standen die Mönche im Chor der Klosterkirche vor Gott und sangen die uralten Gebete der Kirche, die Psalmen. Die Zeit war für sie die Zeit Gottes, und die Mönche heiligten sie durch das Gebet. Allgegenwärtig war solchen Menschen die Zeit und die Ewigkeit.

Jahrelang also hatte der Mönch von Heisterbach mit seinen Mitbrüdern tagein, tagaus im Chor der schönen Klosterkirche gestanden und Gott gepriesen, Gott, das Alpha und das Omega, den Anfang und das Ende, Gott, den Herrn der Zeit. Für kaum jemanden werden also die Zeit und die Welt so real gewesen sein wie für einen solchen Mönch. Und da passiert das Unglaubliche. Eines Tages geht der Mönch, vom wundervollen Zwitschern eines Vogels verführt, hinaus in den Wald. Der fromme Mann ist in Gedanken und verläuft sich. Schließlich schläft er, auf einem Baumstumpf sitzend, ein. Das Läuten der Klosterglocke weckt ihn, und dem Klang der Glocke folgend, kehrt er in sein Heimatkloster zurück. Er klopft an die Pforte – und es öffnet ihm ein Mönch, den er nie im Leben gesehen hat. Verblüfft schauen beide sich an. Was er denn wolle, fragt der Pförtner. Er wolle zurück in sein Kloster, habe sich ein wenig verlaufen. Er kenne ihn nicht, entgegnet der wackere Pförtner, es fehle auch kein Mönch im Kloster. Das könne nicht sein, sagt der Mönch von Heisterbach, er habe sich doch nur ein wenig verspätet. Und als er in die Kirche tritt, in der gerade die Mönche zum Gebet versammelt sind, erkennt er keinen einzigen von ihnen. Der Abt aber lässt in der Chronik des Klosters nachlesen, und da findet sich aus unvordenklichen Zeiten ein Eintrag, dass eines Tages ein Mönch dieses Namens in den Wald gegangen sei und nie mehr zurückkehrte …

Immer schon scheinen Menschen von dem Gefühl geplagt gewesen zu sein, dass die Welt, so wie sie ihnen vertraut war, sich plötzlich als Bluff erweisen könnte. Immer schon scheinen Menschen Angst davor gehabt zu haben, dass alle Selbstverständlichkeiten mit einem Mal nicht mehr selbstverständlich sind, dass ein Spiel mit ihnen getrieben wird, das sie nicht durchschauen. Da gab es natürlich auch harmlose Varianten, wie den sprichwörtlichen Fürsten Potemkin, der seiner Zarin, der machtvollen Katharina der Großen, auf ihrer Reise zur Krim prachtvolle Dörfer als Kulissen vorgespiegelt haben soll. Doch wenn schon eine großmächtige Herrscherin zum Narren gehalten werden kann, wie noch viel eher dann unsereins durch wen auch immer, wann auch immer, warum auch immer.

Ahnungen eines solchen Gefühls gibt es schon aus schlichten biologischen Gründen. Jeder, der mal längere Zeit nachts durchgearbeitet hat, kennt dieses Gefühl der leichten Enthemmung und den diffusen Eindruck, dass die Welt irgendwie merkwürdig erscheint, überhell, überplastisch. Die Welt wirkt fremd. Derealisation nennt das die Wissenschaft, und ein solches Erleben ist noch ganz normal und kann jedem zustoßen. Als ich im Studium mal wieder die Nacht zum Tag gemacht hatte, um eine Hausarbeit auf den letzten Metern fertigzubekommen, passierte es mir, dass ich am anderen Tag plötzlich dem Professor gut gelaunt über den Mund fuhr, das aber glücklicherweise gerade noch merkte und im letzten Moment mit ein paar entschuldigenden Bemerkungen die Kurve kriegte. Ich weiß noch, wie ich dachte: Irgendetwas stimmt hier nicht.

Nicht nur akute Schlaflosigkeit, sondern auch dauernde Machtausübung kann offensichtlich den Sinn für die Realität trüben. Unvergesslich bleibt das namenlose Entsetzen im Gesicht des rumänischen Diktators Nicolae Ceausescu, als er auf den Balkon vor die auf dem Platz versammelten Volksmassen trat und plötzlich von einem Moment auf den anderen gewahr wurde, dass sie ihm nicht wohlorganisiert zujubelten wie sonst immer, sondern wütend protestierten. Ungläubig stierte der Diktator auf sein Volk wie auf eine Erscheinung.

Auch Hitler, als er im Führerbunker seinen eigenen Untergang erlebte, muss sich gefühlt haben wie im falschen Film. Er glaubte an Phantasiedivisionen, die es gar nicht mehr gab, und hielt so lange wie eben möglich die Fiktion seiner Welt aufrecht, die mit der wirklichen Welt schon längst nichts mehr zu tun hatte.

Ebenso erging es Erich Honecker und seiner Frau, Saddam Hussein, Muammar al Gaddafi. Am Schluss schien ein völliger Realitätsverlust zu bestehen. Und wer erinnert sich nicht an die ratlosen Worte des Massenmörders Erich Mielke, der die Welt nicht mehr verstand und den von ihm Bespitzelten und Verfolgten in der DDR-Volkskammer der Wendezeit zurief: »Ich liebe doch alle Menschen.«

Es ist ein merkwürdiges Phänomen, dass gerade diejenigen, die reale Macht ausüben, in besonderer Gefahr zu sein scheinen, irgendwann der Realität zu entrücken. Auch in demokratischen Verhältnissen gelingt es kaum einem wichtigen Politiker, den eigenen dringend fälligen Abgang von der Macht würdevoll selbst zu wählen. Die kunstvolle Machtwelt, die sie sich da so lange Zeit selbst eingerichtet haben, erscheint ihnen so real, als könne daneben nichts anderes behaupten, die eigentliche Welt zu sein. Man denke nur an den spektakulären Realitätsverlust von Gerhard Schröder, der im Jahre 2005 nach klar verlorener Wahl im Fernsehen so auftrat, als könne ihm nichts und niemand seine Macht nehmen. Die Geschichte kennt ja tatsächlich kaum zurückgetretene Herrscher wie Kaiser Diocletian und Kaiser Karl V., aber so manchen machtvollen Greis, der, eingesponnen in eine längst vergangene, irreale, nostalgische Welt, verhängnisvolle Entscheidungen fällte, wie Hindenburg, als er Hitler die Tür zur Katastrophe öffnete. Wer nicht merkt, dass er im falschen Film lebt, kann gefährlich werden.

Als Psychiater erlebe ich aber auch die weniger gefährlichen kranken Varianten des Realitätsverlusts: Den Schi-
zophrenen, der im akuten Schub seiner Störung in einer
eigenen schillernden Welt aus halluzinierten Phänomenen
und wahnhaften Gewissheiten lebt, die außer ihm niemand wirklich nachvollziehen kann, und der nach seiner
Gesundung darüber rätselt, wie er in diese fremde Welt,
von der er so überzeugt war wie von nichts anderem in
seinem Leben, hineingeraten und ihr dann wieder glücklich entronnen ist. Den verzweifelt Depressiven, der in
einer düsteren Welt ohne Farbe, ohne Lebendigkeit und
ohne Ausweg lebt, dem die Zeit erstarrt scheint, bleiern
und schwer und der sich, gesundet, im Nachhinein selbst
nicht mehr versteht, wenn er wieder auftaucht aus diesem
unheimlichen Reich der Schatten. Da sind die vielen anderen psychisch Kranken, die für eine gewisse Zeit ihres
Lebens die Welt ganz anders, leidvoller und jedenfalls so
erleben, dass niemand sie wirklich versteht. Wer sagt eigentlich, dass die Welt der Krankheit falsch und unsere
gesunde Welt richtig ist? Gilt hier auch einfach das demo-
kratische Mehrheitsprinzip, dass Wahrheit ist, was die
Mehrheit denkt, oder hält man es mit dem Autoritäts-
prinzip: Was die wahre Welt ist, bestimmt der Chefarzt?

Drogenabhängige suchen absichtlich diesen Kitzel der
künstlichen Welten. Sie suchen halluzinierte Gefühle,
vielgestaltige farbige Wirklichkeiten, die sie bei Bedarf
herstellen wollen und nach denen sie je länger, je mehr
unersättlich werden. Auch sie wollen freilich nicht im
Horrortrip überrascht werden von befremdlichen anderen Welten, wollen die Theaterdirektoren bleiben im ewigen Karneval künstlicher Gefühle, auf der Suche nach
dem herstellbaren Glück, und sinken doch schließlich
herab zum ewig suchenden süchtigen Sklaven ihrer einst-
mals eigenen Inszenierung. Jede Sucht ist auch ein Aus-

stieg aus der Welt, in der wir alle leben, und manchmal ein Ausstieg für immer, ein Selbstmord auf Raten. Der Film, in dem der Süchtige am Ende lebt, hat mit dem, was unsereins für die Realität hält, nichts mehr zu tun. Ist also seine Welt falsch und unsere richtig?

Ganz anders als bei psychisch Kranken ist es bei Kindern, deren Geist ja bekanntlich weniger domestiziert ist als der älterer Menschen und die sich daher in ihrer Phantasie ohne weiteres in ganz vielen Welten gleichzeitig heimisch fühlen können. Manchmal stellen sie sich vor, sie wären in Wirklichkeit ein Königskind oder ein anderer bedeutender Mensch, was ihnen aber wegen einer geheimen Absprache niemand verraten dürfe. Für Kinder ist es auch nicht so wichtig, ob die Welt, in die sie sich gerade hineinphantasiert haben, die wirkliche Welt ist. Kinder schließen keine Verträge, Kinder verdienen kein Geld, Kinder fällen keine Lebensentscheidungen. Für Kinder ist die Welt noch ein großes Spiel. Erst für Erwachsene kann es von ausschlaggebender Bedeutung sein, ob etwas wahr oder falsch ist, und erst für Erwachsene ist es nicht mehr spaßig, sondern unheimlich, wenn man nicht mehr weiß, ob die Welt, in der man lebt, gefälscht ist oder nicht.

Doch es gibt für uns Erwachsene auch die lebenssatte Variante des absichtlichen Ausstiegs aus der oft so tyrannischen öden Alltagswelt, die sich uns allen Tag für Tag als die einzig wahre aufdrängt. Wenn auch wir noch einmal, gesellschaftlich akzeptiert, mit vielen phantastischen Welten spielen wollen, fast so, wie Kinder das noch können, dann geht das am erfreulichsten über Kunst und Musik. Nicht nur Kindern, sondern auch Künstlern stehen Welten offen, die alle Fesseln sprengen, die uns ein nützlicher Realismus anlegt, und zugleich können sie vielleicht ganz unbefangen die Aufmerksamkeit auf den Kern des Ganzen richten, auf die eigentliche Wirklichkeit, die uns im grauen Alltag mit seinen routinierten Richtigkeiten und in all den bunten künstlichen Welten mit ihren phantastischen Möglichkeiten leicht aus dem Blick gerät.

In einem Roman kann der Autor eine ganze Welt aus Himmel und Hölle, Liebe und Hass, Güte und Schäbigkeit entstehen lassen, und allein er bestimmt, was in dieser Welt wahr und falsch ist. Und der Leser kann in diese kunstvolle Welt eintauchen, kann in ihr leben, denken und fühlen, obwohl es sie in Wirklichkeit ja eigentlich gar nicht gibt. In der Science-Fiction-Literatur wird eine Welt geschaffen, die Zeit und Raum völlig sprengt und in der wir uns dennoch lesend aufhalten können. Nichts von dem, was da beschrieben wird, kann es tatsächlich geben, aber dennoch können wir uns ganz widerstandslos hineinfühlen in diese »Welt«.

Auch das Theater und der Film erfinden Welten, in denen die Regeln unserer scheinbar einzig wahren Welt einfach außer Kraft gesetzt werden können, und sie ziehen uns hinein in diese Welt und ihre phantasierten Wirklichkeiten. Wie wäre es aber, wenn unsere angeblich so wahre Welt auch nur eine andere Erzählung wäre, aus der wir genauso aussteigen könnten, als würden wir ein Buch weglegen, das uns langweilt? Der bildende Künstler kann dreidimensionale Gestalten schaffen, die in einer reibungslos funktionierenden Welt völlig sinnlos sind, die aber Anstoß erregen und so durch ihren Eigensinn den Betrachter aus der Bahn seiner üblichen Gedanken und Empfindungen hinaustragen. Ein Kunstwerk kann uns aussteigen lassen aus der alltäglichen Welt in eine flirrende künstliche Realität. Und der Maler schafft in nur zwei Dimensionen auf der hauchdünnen Wirklichkeit eines Blattes eine Welt aus Farben und Formen, die zu nichts zu gebrauchen ist und doch über Zeit und Raum hinweg die Menschheit in Bewunderung zu einen vermag. Die Musik schließlich ist die flüchtigste aller Künste und dennoch ist sie da, wirkt ein auf uns und andere, im Grunde Schallwellen nur, doch zweifellos für manche ein Universum, das ihnen mehr bedeutet als die handfeste Realität eines Bügels im Schrank.

Aber während wir uns auf die Reise in all diese phantasierten Welten begeben, trägt uns das Gefühl, jederzeit in die Heimat unserer wahren Welt zurückkehren zu können, in eine Welt, die wir von Kindheit an zu kennen meinen und in der klar zu sein scheint, was wahr und falsch, echt und unecht, real und irreal ist.

2.
Frösteln im falschen Film –
Das Abenteuer des
Truman Burbank

Doch was wäre, wenn unsere Beunruhigung berechtigt und auch diese Welt nur eine konstruierte Wirklichkeit wäre, wenn unser ganzes Leben ein Auftritt auf einer gigantischen Bühne wäre und wir, wie der griechische Philosoph Platon annahm, um uns herum nur ganz unvollkommene Abbilder sähen, hinter denen eine geheimnisvolle eigentliche Wirklichkeit für immer verborgen wäre?

Platon erzählt in der »Politeia« sein berühmtes Höhlengleichnis: Die Menschen sitzen in einer Höhle und sie gewahren an der Wand, auf die sie alle schauen, bewegte Szenen. Da sie festgebunden sind und sich niemals umdrehen, halten sie das, was sie da sehen, für die einzig wahre Welt, und es entgeht ihnen, dass das in Wirklichkeit nur Schattenbilder sind, die die wahre Welt nur höchst unzureichend ahnen lassen. Das sei das tragische Geschick des Menschengeschlechts.

Seit Platons erschreckender Vermutung ist die Philosophie bis heute keinen Schritt weitergekommen. Auch der Philosoph Immanuel Kant stellte bedrückt fest, dass wir immer bloß Erscheinungen wahrnehmen können, für die wir und unsere Sinnesorgane gebaut sind, und dass wir über die Dinge, so wie sie an sich selbst sind, rein gar nichts sagen können. Tatsächlich fehlen uns Sinnesorgane, um Radiowellen, Röntgenstrahlen und was es da viel-

11

leicht noch alles geben mag, überhaupt direkt mitbekommen zu können. Uns ist es also ohnehin nur gegeben, einen winzigen Ausschnitt aus der riesigen, uns umgebenden Welt wahrzunehmen. Möglicherweise haben wir deshalb ein völlig falsches Bild von der Welt, weil wir, verwirrt von unseren zufälligen Eindrücken, das Wesentliche übersehen, das unseren stumpfsinnigen Augen entgeht. Ist also die Welt, die uns umgibt, letztlich nichts anderes als eine bloße Konstruktion, eine weitere dieser künstlichen Welten, die wir uns selbst schaffen, um ohne allzu viel Beunruhigung leben und sterben zu können?

»Wie wirklich ist die Wirklichkeit?«, hatte schon vor mehr als dreißig Jahren der große Psychotherapeut Paul Watzlawick gefragt. Und auch er war zu dem Schluss gekommen, dass die Wirklichkeit aus unseren eigenen Konstruktionen besteht, die wir bei auftretendem psychischen Leiden ein wenig ändern sollten. Es ging nicht mehr darum, ob eine bestimmte Auffassung von der Wirklichkeit wahr oder falsch sei, sondern ob sie mit Blick auf ein bestimmtes psychisches Leiden mehr oder weniger nützlich sei.

Die Frage nach der Wahrheit stellte sich bei Watzlawick überhaupt nicht mehr. Im Gegenteil, je mehr ein Patient die Depression, unter der er litt, als Wahrheit betrachtete, desto schwerer musste es fallen, diesen handfesten »Gegenstand« therapeutisch in nichts aufzulösen. Zumal dann, wenn der Patient auch noch von »seinen« Depressionen sprach, einem Besitz also, dessen diebische Entwendung gar nicht in Frage kommen konnte. Ist dagegen die Depression bloß eine unter vielen Sichtweisen, unter denen man das Verhalten eines bestimmten Menschen in einer bestimmten Situation zeitweilig beschreiben kann, dann ist ein Perspektivwechsel möglich. Und aus dieser anderen Perspektive kann er seine Situation dann mit einem anderen Wort beschreiben. Wahrheiten sind, so gesehen, in der Therapie wenig nützlich.

Soll das nun heißen, dass es gar keine wahre Welt gibt und also auch keine Fälschung, weil letztlich alles, wirklich alles im Leben bloß Ansichtssache ist? Ist das Gefühl, im falschen Film zu sein, einfach falsch, weil es unterstellt, dass es so etwas wie eine wahre Welt gibt?

Ist das ganze Leben ein Traum, aus dem wir erwachen, aber dann doch bloß in einen anderen Traum geraten sind, der irgendwann platzt wie eine bunt schillernde Seifenblase? Ist das Leben jedes einzelnen Menschen ein Roman, der bloß noch nicht geschrieben ist und der nicht mehr Realität hat als die Geschichten von Pippi Langstrumpf oder des angeblich so venezianischen Commissario Brunetti in den frei erfundenen Kriminalstücken von Donna Leon?

Sind die erschreckenden oder beglückenden Momente, in denen wir uns im falschen Film wähnen, bloß Augenblicke der Offenbarung der eigentlichen Wahrheit, dass es Wahrheit gar nicht gibt, dass alles fließt, nichts Bestand hat, und ein privilegierter Traum, der behaupten könnte, die eigentliche Wirklichkeit zu sein, nichts anderes ist als eine Illusion von Menschen, die wahrscheinlich zu wenig oder zu viel nachgedacht haben? Und ist es dann nicht Lebenskunst, sich am besten dem lockenden Strom dieses nicht greifbaren, ewig dahingleitenden Lebens bereitwillig zu ergeben, um nicht durch unsinnige Widerständigkeit gegen das Unerbittliche alptraumhaft in wirren Strudeln für immer zu vergehen?

Papperlapapp wird da der Metzger antworten, ein Stück Wurst ist ein Stück Wurst, der Zimmermann wird die Realität seiner Balken nicht bestreiten, diese unbe-

13

zweifelte Realität hemmungslos abrechnen, und der Kunde wird das genauso sehen und anstandslos bezahlen. Philosophen gelten als lebensunpraktische Leute, Therapeuten nicht weniger, und auch Künstler und Kinder hält man von handfesten Geschäften, die mit den harten Realitäten des Lebens zu tun haben und bei denen man am besten sehr ausgeschlafen ist, in der Regel fern. Das ganze Gerede vom falschen Film, ein einziger komplizierter Unfug?

Doch auch Metzger verlieben sich, auch Zimmerleute fragen an entscheidenden Punkten ihres Lebens nach dem Sinn des Ganzen, und auch biederen Kunden ist es nicht gleichgültig, ob sie übers Ohr gehauen werden, also ob jemand wirklich gut oder wirklich böse handelt.

Ob ich einen Menschen wirklich liebe und ob er mich auch liebt, das ist aber keine Frage wie die Frage nach einem Stück Wurst, es ist eine existenzielle Frage, eine entscheidende, vielleicht eine lebensentscheidende Frage, die wohl jeder Metzger, jeder Zimmermann, aber für sich selbst auch jeder Philosoph, jeder Therapeut, jeder Künstler und auch sonst jeder Mensch irgendwann im Leben einmal hat.

Und ob dieses ganze Leben einen großen Sinn hat, in den sich der kleine Sinn meines eigenen Lebens einfügt, ob es Gut und Böse wirklich gibt, ob ein Gott existiert oder ob das alles im Letzten sinnlos ist, diese Fragen lassen niemanden ungerührt. Und so sind dann doch zumindest diese existenziellen Fragen Fragen nach dem echten Leben, denen letztlich kein Mensch dauerhaft ausweichen kann:

Wenn ich der Überzeugung bin, dass ich einen Menschen wirklich liebe, ist das in Wirklichkeit bloß irgendeine zeitweilige Sichtweise, die unter hormonellen, ästhetischen oder psychologischen Aspekten Gültigkeit beansprucht, oder ist das mehr, ist das etwas, das tiefer geht und den ganzen Menschen existenziell betrifft? Mit anderen Worten: Ist wahre Liebe wahr?

Und ist die Frage nach dem Sinn des ganzen Lebens, also nicht bloß nach dem Sinn einer Therapie oder irgendeiner Verrichtung eine Frage, auf die es eine existenzielle, eine wahre Antwort gibt und nicht bloß irgendwelche mehr oder weniger unterhaltsamen Albernheiten? Gibt es also einen Sinn des Lebens? Gibt es Gott, ja oder nein?

Und schließlich: Gibt es das Gute und das Böse wirklich? Oder gibt es da bloß schlechte Erziehung, gesellschaftliches Versagen oder Neurotransmitterprobleme im Frontalhirn?

Um diese existenziellen Fragen wirklich zu beantworten, müsste man über all die künstlichen Welten hinausgehen, die man selber gestaltet oder in denen man einfach so lebt, man müsste von der Bühne herunter und das phantasievolle Spiel all der unterschiedlichen Perspektiven hinter sich lassen und man müsste sich hinaushangeln aus der Höhle des Platon, um im hellen Licht der Sonne wenigstens ahnen zu können, was angesichts des sicheren Todes und der Unwiederholbarkeit jedes Moments zu Recht beanspruchen kann, wahr zu sein.

Doch da gibt es heutzutage Probleme, gewaltige Probleme.

Es ist ohnehin mühsam, manchmal sogar leidvoll, sich diesen ernsten Fragen zu stellen. Herzzerreißender Liebeskummer füllt die Romane aller Zeiten, um die Frage nach dem Sinn des Lebens ringen manche Menschen ein ganzes Leben lang, und Gewissensbisse sind auch nicht gerade vergnügliche Erlebnisse. Und so ist es kein Wunder, dass Menschen sich liebend gerne ablenken lassen von solchen existenziellen Themen. Hinzu kommt, dass es handfeste Interessen gibt, den Menschen eine Welt vorzuschwindeln, in der diese existenziellen Fragen scheinbar einfach nicht vorkommen. Und so wäscht eine Hand die andere.

Es wird mit einigem Aufwand für verunsicherte Zeitgenossen eine künstliche Welt erzeugt, die sehr real erscheint, eine schöne neue Welt, in der natürlich nichts unklar sein darf und in der es dank Google keine unbeantworteten Fragen mehr gibt, in der Drogenabhängige besonders aufwendig therapiert und psychisch Kranke in professionelle Ghettos abgeschoben werden können, eine Welt, in der also die absolute Normalität herrscht, in der alle Tyrannen als verrückt gelten und unsereins selbstverständlich als total normal, eine Welt, in der beunruhigende Mönchsgeschichten Kindermärchen sind, eine Welt, in der Kunst ein Geschäft und Kinder Erziehungsobjekte sind, mit anderen Worten eine Welt, in der es keine existenziellen Beunruhigungen gibt, weil es in ihr scheinbar absolut sicher nur eine einzige reale Welt gibt, die man sehr gut kennt und in der daher auch nichts wirklich Unerwartetes geschehen kann. Es ist eine Welt für die Spießer, die wir alle ein bisschen sind.

Aber Moment mal.

War da nicht noch etwas?

Wo bleibt denn dann die eine, unberechenbare, erschütternd existenzielle Welt für Sie und mich, also für den einen unverwechselbaren und zudem auch noch sterblichen Menschen?

Diese Realität bleibt in unseren Tagen gut versteckt hinter dem lärmenden Maskenzug einer aus ganz vielen Welten zusammengesetzten künstlichen Welt, die sich machtvoll vordrängt und in der der Tod, der wirkliche Tod, nicht vorkommt, die Liebe nicht und auch nicht das Gute, das Böse oder Gott. Es ist die Welt der Wissenschaft, der Psychologie, der Medien, der Ökonomie, der Plastikreligionen. Und diese Welten behaupten einfach dreist, aus ihnen bestünde die einzig wahre Welt, der richtige Film, und sie verkünden lauthals, dass jeder sein Leben verpasst, der nicht mitspielt in diesem Film, der angeblich, wie doch alle wissen, das Leben, das wirkliche Leben ist.

Es gibt einen Kinofilm, der das beunruhigende Problem mit der wirklichen Welt, das wir alle haben, ob wir wollen oder nicht, bis zum Äußersten treibt: »Die Truman-Show« erzählt von einem jungen Mann, dessen Leben von Geburt an im Fernsehen gezeigt wird und der in einer künstlichen Welt voller raffinierter Kulissen und bezahlter Komparsen der Einzige ist, der wirklich echt ist, aber auch der Einzige, der das nicht weiß. Alles, aber auch wirklich alles, ist künstlich, der Himmel, das Meer, die kleine Stadt Seahaven, in der er lebt, und sogar das künstliche Lächeln seiner Frau ist wirklich künstlich, denn wie sein Vater und seine Mutter ist auch sie in das gigantische Spiel eingeweiht, das nur ihm selbst, Truman Burbank, verborgen bleibt.

Das riesige Studio, das sogar von Satelliten aus zu sehen ist und in dem 5000 Kameras jede Bewegung von Truman verfolgen, hat eine Wand aus Pappmaschee. Sonnenaufgang und Sonnenuntergang, der Mond und das Wetter, all das wird mit großem technischem Aufwand künstlich produziert, und alle Menschen, die Truman auf dem Weg zur Arbeit in einem Versicherungsunternehmen begegnen, sind Schauspieler, die stolz darauf sind, dass alle Welt sie sehen kann, dass Milliarden von Menschen sie tagein, tagaus beobachten können. Nur Truman selbst, der unfreiwillige Hauptdarsteller, hat keine Ahnung, dass alles in der Welt, in der er lebt, in Wahrheit falsch ist.

Am Ende sind es kleine Pannen und die einzige echte Liebe einer Frau, die Truman Burbank misstrauisch machen. Er versucht zu fliehen, zu Fuß, im Auto und zum Schluss mit einem Boot, das ihn am Ende vor eine Pappwand bringt, auf der ein blauer Himmel gemalt ist. Der Star-Regisseur des Ganzen, ein gewissenloser und zugleich gefeierter Ästhet, der sogar die verlogenen Worte von Trumans Jugendfreund, »Ich würde dich nie belügen«, vorformuliert, der in Kauf nimmt, Truman ertrinken zu lassen, mit der zynischen Begründung: »Er wurde schließlich auch live vor dem Publikum geboren«, dieser »Schöpfer der Fernsehsendung, die Millionen Menschen inspiriert«, wie er selbst sagt, versucht ihn ganz am Schluss mit einfühlender Stimme aus dem gemalten Himmel vom Schritt durch die Tür nach draußen abzuhalten:

»Da draußen findest du auch nicht mehr Wahrheit als in meiner Welt, aber in meiner Welt bist du sicher.«

Doch diese Welt ist eine Fälschung, und in ihr gibt es dann eben auch keine echte Liebe. Der Himmel ist bloß Kulisse, und alles, restlos alles, wird gewissenlos der Unterhaltung, der Chance, durchs Fernsehen berühmt zu werden, und dem Profit geopfert, den diese lukrative Dauer-Soap mit eingestreuter Produktwerbung abwirft. »Du hast Angst, deshalb kannst du nicht weggehen«, versucht der diabolische Regisseur am Schluss aus seinem künstlichen Himmel herab Truman eindringlich zu beschwören. »Bitte Gott, du kannst es!«, sagt die Frau, die ihn liebt. Und Truman geht durch die Tür.

Als am Anfang des Films jener Regisseur gefragt wird, warum Truman dreißig Jahre lang nichts gemerkt hat, gibt er die lapidare Antwort: »Wir akzeptieren die Welt, die uns dargeboten wird, so einfach ist das.« Genau das ist es, was den Film so beunruhigend macht.

Und die Behauptung dieses Buches ist, dass wir alle, ob wir wollen oder nicht, weitgehend auch in so einer künstlichen Welt leben, mit der wir uns arrangiert haben, die wir mit den Jahren für die einzig wahre halten und die wir aus Gewohnheit oder aus Angst vor dem Unbekannten nicht aufgeben wollen. Wer die Regisseure der künstlichen Welten sind, in denen wir leben, das gilt es jetzt aufzuklären.

Doch dies ist kein resignatives Buch, das bloß unsere vielfachen Verstrickungen beschreibt und hinter den Kulissen unseres Lebens nur Unrat und Niedertracht wittert. Denn am Schluss werden wir uns mit dem Ausgang befassen, den es erfreulicherweise für jeden von uns gibt. Die wichtigste Frage in der Psychiatrie ist bekanntlich: Wie geht es hier raus? Und genau diese Frage treibt uns Psychiater im Dienst unserer Patienten Tag und Nacht an. Doch das ist letztlich auch die entscheidende Frage an uns alle: Wie können wir diesen ganzen Bluff, wie können wir die Fälschung der Welt entlarven, wie können wir den künstlichen Welten entkommen, um zur eigentlichen Welt vorzudringen, zur wahren Welt, zu der uns die Türen offenstehen. Man mache sich nichts vor. Es ist nicht leicht, durch die Tür zu gehen. »Truman zieht im Grunde seine Zelle vor«, behauptet der selbstgewisse Regisseur. Aus Gewohnheiten auszusteigen ist immer beunruhigend. Doch ein beherzter Ausstieg ist immer noch besser, als irgendwann, gefangen in den Üblichkeiten eines letztlich von anderen inszenierten Lebens, prachtvoll oder elend zu verenden, so dass am Ende auf dem Grabstein steht: Er lebte still und unscheinbar, er starb, weil es so üblich war.

Um auszusteigen, muss man aber erst erkennen, dass die Welt gefälscht ist, in der man so lebt, dass sie aus Pappmaschee und Plastik besteht und hohl klingt, wenn man sie nach echter Substanz abklopft. Gewiss, die Fälschung der Welt ist ein gutes Geschäft für die vielen Regisseure des falschen Films, in dem wir leben. Doch es gibt auch Kulissen, die wir uns selber bauen, und hinter denen mit der Zeit die vielgestaltige bunte wahre Welt immer weiter entschwindet. Ob die Welt also absichtlich gefälscht wird oder ob es sich einfach ergibt, dass wir ganz freiwillig im falschen Film landen, ist im Ergebnis egal. Am Ende jedenfalls wissen wir nicht mehr, worum es im Leben eigentlich geht.

3.
Kulissen –
Über röhrende Hirsche
und erotische
Missverständnisse

Niemand ist ein unbeschriebenes Blatt. Jeder von uns lebt in seiner eigenen kleinen Welt aus Lieblingsfarben, Lieblingsmöbeln, Lieblingsmusik, aber auch aus Lieblingsmeinungen und Leuten, die diese Meinungen teilen. Und so haben die Soziologen festgestellt, dass wir im Grunde alle in so einer Zelle leben, aus der wir wie Truman nicht herauswollen oder -können. »Sinusmilieus« nennen sie diese Zellen mit einem respektgebietenden Fremdwort. Und doch heißt das bloß, dass jeder in unseren Breiten sich in einer bestimmten Umgebung wohl fühlt und in einer anderen Umgebung eben partout nicht.

Das klingt noch ganz harmlos. Die Geschmäcker sind halt verschieden. Der eine mag einen rustikalen Lebensstil, er liebt Bauernmöbel, den röhrenden Hirsch überm Sofa, er sieht im Fernsehen den Musikantenstadl und hat Freunde, die das auch mögen. Andere Leute findet er merkwürdig, zum Beispiel Menschen, die moderne Kunst im Wohnzimmer ausstellen, auf deren Möbel er sich nur zögernd setzt, weil sie hypermodern designt, das heißt ganz unpraktisch geformt sind, und die überhaupt Gesprächsthemen draufhaben, die völlig uninteressant sind. Meint er. Meinen die aber gerade nicht. Sondern ganz im

Gegenteil. Die halten unseren rustikalen Zeitgenossen für eine ziemliche Zumutung und kämen nie auf die Idee, sich mit dem auf nähere Kontakte einzulassen. Da gibt es dann aber auch ein alternatives ökologisches Milieu mit komplett kompostierbarer Wohnungseinrichtung, selbstgestrickten Klamotten, useligen Frisuren und körnerreicher Rohkost. Die finden natürlich alle anderen Milieus geradezu unverantwortlich.

Jedes Milieu hat seine bevorzugten Zeitungen, Zeitschriften und Fernsehsendungen oder Blogs, die dazu beitragen, die eigene Meinung, je länger, je mehr, als die einzig wahre zu empfinden. Die Soziologen haben etwa zehn solche unterschiedlichen Milieus ausgemacht, und man merkt am besten, dass man zu einem bestimmten Milieu gehört, wenn man sich in allen anderen Milieus total unwohl fühlt.

Das Problem ist nun, dass uns mit der Zeit die Üblichkeiten unseres Milieus wie die eigentliche Welt vorkommen, dass sie uns also mehr und mehr gefangen nehmen. Wir werden berechenbar. Raffinierte Internetplattformen begreifen sehr schnell, was sie an uns haben. Sie bieten uns die Musik zum röhrenden Hirsch, die Kleidung zu den Bauernmöbeln und die Lektüre zu den Meinungen, die sie bei uns vermuten. Im Sinne einer sich selbst erfüllenden Prophezeiung werden wir auf diese Weise immer mehr zu dem, der wir anfangs vielleicht nur ein wenig waren und der wir am Ende mit Haut und Haaren sind: Wir werden zum Produkt unseres Milieus. Und was wahr und falsch ist, was gut und böse, vor allem was schön und hässlich, das bestimmt die Ästhetik unseres Milieus. Alles, aber wirklich alles, wird zur Geschmackssache.

Der Gründer der Paartherapie, Jürg Willi, hat mir einmal berichtet, dass bei Ehekrisen selbst von hochgebildeten Paaren nicht etwa der vertiefte intellektuelle Austausch über den späten Goethe, sondern zum Beispiel das einträchtige Ablästern über das »unmögliche« Kleid der Nachbarin emotionale Nähe stiftet. Das gemeinsame, tief empfundene »Wie kann man sich bloß so anziehen!« schafft wieder die Gewissheit: »Wir beide gehören doch zusammen!«

Sicher, auch früher gab es unterschiedliche Milieus, ein adeliges, ein bürgerliches und ein Arbeitermilieu. Aber man wusste genau, dass man aus Zufall dem einen oder anderen Milieu angehörte. Auch heute sind viele Zufälle daran beteiligt, in welchem Milieu ich mich wohl fühle, doch das ist vielen Menschen nicht mehr bewusst. Das eigene Milieu mit seiner Ästhetik, mit seinen Überzeugungen und Meinungen wird für die eigentliche, für die richtige Welt gehalten. Alles andere hält man bestenfalls für absurd.

Wenn es dann einmal so weit gekommen ist, kann man aus dieser seiner Welt kaum mehr aussteigen, denn man merkt nicht einmal mehr, dass man gefangen ist in einer ganz bestimmten Weltsicht, die sich einem immer mehr aufgedrängt hat. »Ich gab Truman die Chance, ganz normal zu leben. Seahaven ist so, wie die Welt sein sollte«, sagt der Regisseur in der »Truman-Show«. Wenn alles gut läuft, wenn es keine Pannen gibt, wenn nichts mehr wirklich Anstoß erregt in der eigenen, scheinbar so normalen, milieumäßig geordneten Welt, dann haben wir letztlich aufgehört, wir selbst zu sein, dann sind wir bloß noch Funktionäre unseres Milieus. Und wenn dann eines Tages jemand käme und uns befreien wollte aus der gemütlich eingerichteten Zelle unserer Spießigkeiten, dann würden wir vielleicht blinzeln wie die langweiligen letzten Menschen aus Friedrich Nietzsches »Zarathustra« oder die Bewohner von Platons Höhle, würden uns beharrlich weigern, unsere Zelle zu verlassen und nichts hören wollen von jener aufregenden anderen Welt, in der es Einzigartiges, Unvergleichliches, Erschütterndes wirklich gibt, Sinn und Unsinn, Gutes und Böses, Liebe oder Gott.

Deshalb sind die modernen Milieus keineswegs so harmlos, wie sie im ersten Moment erscheinen. Sie sind wie bunt bemalte Zuchthäuser, in denen den Insassen von der ungeschriebenen Hausordnung gesagt wird, was richtig und was falsch ist. Scheinbar haben sie Freigang, doch das Leben läuft so künstlich ab wie in einem Fernsehstudio und so verlogen wie in Trumans Seahaven, in dem alles richtig ist, aber nichts wirklich stimmt.

Auch wenn die Menschen in den unterschiedlichen Milieus unterschiedliche religiöse Vorlieben haben, wenn sie sich verlieben oder sich ermorden, in dieser sich machtvoll aufdrängenden Welt kann Gott in Wirklichkeit gar nicht vorkommen, denn er ist keine ästhetische Größe, höchstens kann man darüber reden, ob es mehr oder weniger angesagt ist, an Gott zu glauben. Über so etwas reden müde gewordene Theologen heute gerne und lösen damit doch nur die Theologie in Soziologie auf, denn so etwas hat natürlich mit Gott rein gar nichts mehr zu tun.

Wahre Liebe hatte schon früher gegenüber den Ressentiments des Milieus kaum eine Chance. Und auch heute heißt es im Brustton der Überzeugung bei milieuübergreifender Liebe: Wie kann eine solche Frau bloß einen solchen Mann heiraten! Denn es existieren Grenzkontrollen am Rande der Milieus, und Grenzüberschreitungen werden sanktioniert. Es gibt inzwischen Stadtviertel, da wird man im Supermarkt kritisch angeschaut, wenn man die »falschen« Sachen einkauft. Und über der spießigen Überlegung, ob sich irgendetwas nun einmal gehört oder nicht, vergisst man schließlich die wirklich wichtige

Frage nach Gut und Böse. Der geschwätzige Mummenschanz all der Milieus bleibt am Ende banal, aber er drängt sich trotzdem machtvoll auf.

Dennoch, man kann dem widerstehen. Man kann sich bewusst weigern, sich durch das allgemeine unwidersprochene Raunen des eigenen Milieus gefügig machen zu lassen. Freilich ist das nicht leicht. Denn der Mensch ist bei allem Stolz auf seine Autonomie und Freiheit gewiss auch ein Gewohnheitstier und eine Rudelexistenz, die zum Mitläufertum neigt. Was alle tun, warum soll man das nicht tun?

Die Massenpsychologie hat untersucht, wie außerordentlich manipulierbar Menschen sind, wenn sie massenhaft auftreten. Diktatoren haben das hemmungslos ausgenutzt, und jeder wird wohl schon einmal das unheimliche Gefühl erlebt haben, in einer für oder gegen irgendetwas protestierenden Masse zu stehen und in diesem Moment genau zu spüren, dass Widerspruch gegen diese Masse gefährlich werden kann.

Ich erinnere mich mit Schrecken an eine »Bürgerversammlung«, in der die zuständige Ministerin Rede und Antwort stehen sollte zu einer an diesem Ort zu errichtenden Maßregelvollzugsklinik. Die Festhalle war mit wohl über tausend Bürgern überfüllt. Die Ministerin versuchte gerade ganz richtig zu erklären, dass es sich dabei um eine Klinik für psychisch kranke Straftäter handelte, die selbst unschuldige Opfer ihrer Krankheit seien und denen eine humane Gesellschaft angemessene Therapie schulde. Und da konnte man plötzlich die ganze irrationale Wut einer Masse erleben. Der Saal brodelte: »Schickt sie auf die Bohrinsel!«, »Stellt die Schweine an die Wand!«, brüllten ganz normale Bürger in Krawatte, Menschen, die morgens gewiss ganz harmlos beim Bäcker die Brötchen für die Familie holen und so etwas mit Sicherheit alleine so nie sagen, ja vielleicht noch nicht einmal denken würden.

Massen geben dem Einzelnen das manchmal fast euphorische Gefühl, im Einverständnis mit der Welt zu sein. Und der aus traditionellen Bindungen herausgefallene Zeitgenosse ist besonders anfällig für solche berauschenden Erlebnisse.

Doch veritable Massenerlebnisse gibt es nicht am laufenden Band, und so bleibt für den Massenmenschen vor allem der Alltag ein Problem. Die Psychologie weiß, dass man Gewohnheiten braucht, um alltäglich einigermaßen funktionieren zu können. Wenn man jedesmal neu entscheiden müsste, was man jetzt gleich tun oder sagen wird, wäre man lebensuntüchtig. So antworte ich mehr oder weniger automatisch mit »Mahlzeit«, wenn jemand mich mit »Mahlzeit« grüßt, obwohl ich diesen Gruß schon immer für bescheuert gehalten habe. »Gesegnete Mahlzeit« würde ja noch einen gewissen Sinn machen. Und man entscheidet sich auch nicht immer frei, wie man nun die Hände in die Hosentaschen steckt – außer in der Pubertät, wo man die Hände genau so in die Taschen stecken muss, dass es ganz besonders cool aussieht. Eine ziemlich anstrengende Zeit, wie man weiß.

Der Mensch braucht also bestimmte Üblichkeiten und Gewohnheiten, um genug Zeit und Kraft für die wichtigen Entscheidungen des Lebens zu haben. Und da Traditionen nicht mehr zur Verfügung stehen und man sich befreit hat von den religiösen Institutionen, die Halt gaben und Orientierung, die Raum und Zeit ordneten und jedem seinen Platz zuwiesen in Gottes weiter Welt, ist man gerade jetzt besonders verführbar geworden durch scheinbare Sicherheiten und eine beruhigend übersichtliche kleine Welt, in der man sich wohl fühlt, weil man übereinstimmt. Man hält im Strom einer immer unverständlicheren großen Welt umso krampfhafter und heftiger an dieser kleinen Welt fest, die mit Klauen und Krallen als die einzig wahre Welt verteidigt wird. Je größer also und unheimlicher die Globalisierung, desto heimeliger und wehrhafter das kleine Milieu, und das kann dann auch der örtliche Alpenverein, die Schalke-Fangemeinschaft oder der Kegelclub sein. So wirken die Milieus wie Stammtische, für deren Meinungen niemand die Verantwortung trägt, die aber alle Teilnehmer mit harschen Urteilen über Gott und die Welt versorgen.

Da zwar viele von diesen Milieus profitieren, aber niemand sie alleine steuert, sind sie inhaltlich letztlich leer. Und wenn der Milieumensch auf den Gedanken käme, die tiefsten Grundüberzeugungen seines Milieus aufzudecken, dann fände er im Kern keinerlei Substanz, sondern – nichts. Und so bewirken die neuen Milieus weit mehr als die Zusammenführung von Menschen mit dem gleichen Geschmack. Mit all ihren künstlichen spießigen Kulissen fälschen sie die Welt und verdecken dadurch die eigentliche Welt. Sie machen aus ihren fügsamen Mitgliedern Mitläufer des Nichts und betrügen sie auf diese Weise um das wahre Leben. So gewöhnen sie uns schon einmal ganz harmlos daran, uns in manipulierten künstlichen Welten, von denen es, wie wir noch sehen werden, zurzeit eine ganze Menge gibt, ganz selbstverständlich wohl zu fühlen.

Die These dieses Buches, dass wir in einer gefälschten Welt leben, hat in den ominösen Sinusmilieus eine erste Unterstützung gefunden. Früher waren wir in unterschiedliche Stände, Klassen oder Konfessionen gespalten. Dagegen konnte man kämpfen und dagegen hat man gekämpft. Heute ist das alles scheinbar überwunden, wir sind angeblich alle gleich. Aber die Milieus, die wir uns geschaffen haben und die sich uns inzwischen mit einer gewissen Eigendynamik aufdrängen, trennen uns unerbittlicher als früher, und man kann dagegen noch nicht einmal ankämpfen, da die Grenzen unsichtbar sind. Truman rammt am Ende mit seinem Schiff die Pappmascheewand seiner Kunstwelt, und so gelingt es ihm, den Ausgang ins eigentliche Leben zu finden. Das fällt Sinusmilieuinsassen ungleich schwerer. Denn da ist kein klar definierbarer Ausgang aus der selbstverschuldeten Unmündigkeit einer Rudelexistenz. Man muss sich selber herausziehen. Kunst kann da helfen, Philosophie und womöglich Religion.

Zweifellos: Kein Mensch kann völlig aussteigen aus der Welt der Milieus. Das wäre eine Illusion. Aber wir können es lernen, unsere eigenen Gewohnheiten humorvoll in Frage zu stellen, das Ganze als großes Spiel zu verstehen, dem wir nicht hilflos ausgeliefert sind, sondern das wir einfach zeitweilig unterbrechen und sogar, wie es starke Menschen bewiesen haben, beenden können. Es sind schließlich Momente tiefer Humanität, wenn eine gutbürgerliche Lehrerin gutbürgerlicher Schülerinnen wie Agnes Gonxa Bojaxhiu plötzlich die Berufung spürt, den Ärmsten der Armen zu dienen, alle Brücken zu ihrer früheren Welt abbricht und in den dreckigen Slums von Kalkutta als Mutter Teresa leidenden Menschen existenziell begegnet. Doch auch dass Politiker der Grünen nach Eintritt in die Regierung plötzlich mit Krawatte und dem kleinen Schwarzen zu sehen waren, war nicht ein Abfall vom grünen Glauben, sondern der sympathische Beweis, dass diese Leute die nach ihrer Auffassung für die Menschen wichtige politische Sache höher werteten als die ungeschriebenen Dogmen ihres Milieus. Es bleibt also der Trost, dass niemand Gefangener seines Milieus bleiben muss.

Dass Milieuwechsel auch ganz, wie soll ich sagen, fruchtbare Folgen haben können, war am Ende des Zweiten Weltkriegs zu beobachten. Als amerikanische GIs damals zu Millionen nach Frankreich kamen, um die Grande Nation zu befreien, trafen sie auch auf fröhliche Französinnen, die sie so begrüßten, wie das üblich war – in Frankreich üblich war. Sie küssten die basserstaunten amerikanischen Jungmänner nämlich auf beide Wangen. Das war in Frankreich kein besonderes Zeichen von Sympathie, sondern ganz normal. Für die verblüfften Amerikaner war das aber eindeutig eine Grenzüberschreitung, der Beweis besonderer Zuneigung, ja geradezu eine Intimität. Da die Französinnen aber darüber hinaus gewöhnlich recht attraktiv waren, ließen sich die Amerikaner nicht lange bitten und küssten leidenschaftlich zurück, was wiederum die Französinnen irritierte und interessierte. Und so entstand die amüsante Situation, dass jede Seite von der jeweils anderen Seite einen völlig falschen Eindruck bekam und sie für ungewöhnlich draufgängerisch hielt. Auf diese Weise hatte die große amerikanisch-französische Freundschaft am Ende wegen eines kleinen kulturellen Missverständnisses ausgesprochen fruchtbare kleine Konsequenzen.

II.
Das Welttheater

Es gibt also Hoffnung auf einen Ausweg aus den Befangenheiten des Milieus, aus den Oberflächlichkeiten des Geschmackes, aus den Gewohnheiten dessen, was wir bloß immer wieder tun, weil wir meinen, dass sich das so gehört. Wenn sich die Fälschung der Welt nur auf die Milieus bezöge, in denen wir unvermeidlich leben, so wäre ein Tapetenwechsel die beste Methode, diesen permanenten Täuschungen zu entgehen. Wir würden, wie der Psychotherapeut Paul Watzlawick sagen würde, einen Unterschied machen, der einen Unterschied macht. Und dann würden wir uns einfach die Freiheit nehmen, zur wahren Welt vorzudringen, Liebe zu erleben, Gott zu suchen und das Böse zu fürchten. Doch so einfach ist das leider nicht. Denn nicht nur die Milieus, in denen wir leben, fälschen die Welt. Die Gesellschaft vermittelt uns darüber hinaus ganz viele Welten, die psychologisch einen erheblichen Einfluss ausüben und die Wahrnehmung verzerren, die Gleichgültiges oder gar Falsches groß herausstellen und Wahres und Wichtiges verstecken. Um diese Welten soll es jetzt gehen, denn sie sind schließlich die aufwendigen Kulissen, hinter denen sich die Geheimnisse des eigentlichen Lebens verbergen. Und erst dann, wenn wir die Bühnenmaschinerien und all die hohlen Attrappen inspiziert haben, werden wir versuchen, beherzt hinter dieses Welttheater zu blicken.

1.
Propagandisten der Täuschung –
Die Weisheit der Wissenschaft und
die Tricks ihrer Fälscher

Die Wissenschaft hat heute die Deutung der Welt übernommen. Was zu anderen Zeiten mit größter Selbstverständlichkeit den Religionen zukam, nämlich den Sinn des Ganzen, den Sinn des Lebens, das Woher und Wohin der Welt zu erklären, das erwarten die Menschen in unseren Breitengraden heute mit ebenso großer Selbstverständlichkeit von der Wissenschaft. Für Gebildete und Ungebildete, für Alte und Junge, sogar für viele Religiöse und Areligiöse gilt der Satz: Die Welt ist das, was die Wissenschaft beschreibt. Wissenschaftssendungen haben Hochkonjunktur, Nobelpreisträger sind die Hohepriester dieser neuen Weltanschauung, und sie werden zu allem Möglichen befragt, wofür sie eigentlich gar nicht kompetent sind. Wie es eigentlich ist, was sich hinter all dem Schein und Irrtum in der Welt verbirgt, das kann nach allgemeiner Überzeugung scheinbar nur einer herausfinden: der Wissenschaftler.

Oder etwa nicht?

a) Jäger, Sammler und der Brotpreis in der Eifel

Freilich sind die Wissenschaftler ein buntes Völkchen. Da gibt es die Jäger und Sammler, die ein Leben lang auf der Suche sind nach neuen Fundstücken, die Botaniker nach neuen Pflanzen in entlegenen Wäldern, die Historiker nach neuen Quellen in entlegenen Archiven und die Astronomen nach neuen Galaxien in entlegenen Weltgegenden, die im besten Fall den eigenen Namen erhalten und dem Wissenschaftlerleben am Ende Sinn und Glanz verleihen. Es gibt aber auch Wissenschaftler, die ein Leben lang suchen und nichts finden. Wer die Wissenschaft kennt, weiß, dass auch so etwas wissenschaftlich sinnvoll sein kann. Die Erkenntnis, dass in einem bestimmten Archiv die lange dort vermutete Quelle eben nicht vorliegt, ist auch eine wissenschaftliche Erkenntnis, nicht so glanzvoll wie ein Fund, aber womöglich auch aller Mühen wert.

Doch welches Weltwissen ist mit solchen und anderen wissenschaftlichen Erkenntnissen verbunden? Was wissen solche Leute mehr als ein altes Mütterchen aus der Eifel? Im Zweifel wissen sie ganz viel von einem sehr eng begrenzten Bereich, der weit weg ist vom alltäglichen Leben. Im besten Fall wissen sie alles von so gut wie nichts – während das alte Mütterchen im Grunde fast nichts von allem weiß. Doch lebenstüchtiger ist nicht selten das alte Mütterchen, das schon viele Lebenskrisen erfolgreich bestanden hat, das in seinem langen Leben geliebt, gelitten und sich für seine Familie abgemüht hat. Das ist keine Kritik an jenen Wissenschaftlern. Aus hochspezialisierten Forschungen können phantastische Ergebnisse hervorgehen, die die Menschheit von der bisher unbehandelbaren Plage einer schrecklichen Krankheit befreien und die allemal den Nobelpreis wert sind. Doch von der Welt, der Welt als Ganzes, und vom Leben und seinem Sinn wissen solche Wissenschaftler, wenn sie abends abgearbeitet aus ihrem Labor nach Hause kommen, dadurch noch nichts.

Wenn die Welt wirklich bloß das wäre, was Wissenschaftler beschreiben, dann gäbe es in ihr nichts Schönes und Ergreifendes, dann wäre sie nur ein Flickenteppich aus irgendwelchen gleichgültigen Details. Doch das wäre bloß eine hässliche Fälschung der wahren Welt. Niemand weiß das besser als seriöse Wissenschaftler selbst, und deswegen hassen sie in der Regel wissenschaftliche Wichtigtuerei und machen nicht viel Aufhebens von sich. Begegnet man ihnen, so sind es nicht selten höchst bescheidene Menschen, die anderen ihr Wissen und ihre Bedeutung nicht aufdrängen – und die sich mutmaßlich lieber mit jenem lebensweisen alten Mütterchen unterhalten würden als mit lobhudelnden wissenschaftsgläubigen Festrednern.

Natürlich müssen solche despektierlich Jäger und Sammler genannten Wissenschaftler zugleich zu höchst differenzierten wissenschaftlichen Reflexionen ihrer Ergebnisse in der Lage sein. Doch es gibt auch Wissenschaftler, die sich hauptsächlich gerade mit solchen Reflexionen befassen. Da sind die Philosophen, die Soziologen, die Juristen, die zwar gewisse Gegenstände ihrer Wissenschaft vorfinden, die vielleicht sogar eigene Erhebungen durchführen, aber deren eigentliche Leistung im methodischen Nachdenken über ihr Thema besteht. Zu dieser Sorte Wissenschaftler gehören auch die theoretischen Physiker und die Astronomen, die schon seit langem in immer neuen Anläufen versuchen, sich auf all die Daten, die es über unser Weltall gibt, einen Reim zu machen. Da gibt es dann Hypothesen, die mit brillanten Argumenten verteidigt und mit noch brillanteren Argumenten widerlegt werden, und man kommt nie an ein Ende. Wissenschaft ist immer im Fluss, und jemand, der behaupten würde, er hätte eine ewige Wahrheit durch Wissenschaft erkannt, würde nur verraten, dass er gar kein Wissenschaftler ist.

Zwar behaupten auf unterschiedliche Weise die Philosophie und die Astronomie, sich mit dem Ganzen zu befassen, doch zum Ganzen gehört auch der Brotpreis beim Bäcker um die Ecke, und den kennt das alte Mütterchen besser. Wer behauptet, sich wissenschaftlich mit dem Ganzen zu beschäftigen, ist auch nur ein Spezialist für einen übergreifenden Aspekt der Welt, der keineswegs alles betrifft. Seriöse Astronomen haben nie behauptet, sie könnten etwas über den Sinn der Welt und des Lebens sagen. Sie haben gemessen und beschrieben, wie der Kosmos aussieht. Das ist Wissenschaft. Mit Weltanschauung oder Religion hat so etwas überhaupt nichts zu tun.

b) Der Irrtum des Richard Dawkins

Doch da beginnen die Fälscher ihr Werk. Sie behaupten einfach lauthals, diese wissenschaftliche Welt sei alles, was es gibt. Alles andere sei nicht wahr, sei höchstens ausgedacht, eingebildet, zusammengesponnen. Kein seriöser Wissenschaftler würde das behaupten, denn er weiß sehr gut, dass er seine Frau liebt, aber das nie wissenschaftlich beweisen kann, er weiß, dass er den Sinn seines persönlichen Lebens keineswegs aus seinen wissenschaftlichen Erkenntnissen abzuleiten vermag, dass Gut und Böse, Gott und das ergreifend Schöne nicht messbar und berechenbar sind. Und er weiß zugleich, dass dennoch genau das den wahren Geschmack seines höchst persönlichen Lebens bestimmt. Wissenschaftler sind ja nicht dumm. Ideologen sind dumm. Und es gibt da einige intelligente dumme Propagandisten, die mit der Methode Gagarin – »Ich war im Weltall und habe da Gott nicht gefunden« – aus der genau »definierten«, also, wörtlich übersetzt, begrenzten Sicht der Wissenschaft eine Weltanschauung machen wollen. Was dabei herauskommt, ist nichts anderes als eine niederträchtige Fälschung der Wissenschaft und eine hochtrabende Fälschung der Welt.

Der britische Evolutionsbiologe Richard Dawkins ist so ein eifernder ideologischer Missionar. Er hatte ein Buch mit dem Titel »Der Gotteswahn« verfasst, das zufällig zugleich mit meinem Buch »Gott – Eine kleine Geschichte des Größten« auf Deutsch erschien, so dass wir uns über Wochen auf der »Spiegel«-Bestsellerliste Konkurrenz machten. Als die ARD auf der Frankfurter Buchmesse eine Diskussion zwischen uns organisieren wollte, bereitete ich mich durch Lektüre seines Buches vor und war überrascht bis amüsiert. Denn was ich fand, war ein Phänomen, dem ich bisher noch nicht begegnet war: fundamentalistischer Atheismus. Ich habe atheistische Freunde, mit denen man sehr anregend diskutieren kann, doch für Dawkins sind in seinem Buch Menschen anderer Meinung entweder lächerlich, bösartig oder geistesgestört. Kein Wunder also, dass Dawkins die beabsichtigte Diskussion kurz vorher absagte. Fundamentalisten diskutieren nicht gern. Und so schüttelten wir uns bloß die Hand, tauschten einige allgemeine Freundlichkeiten aus und wurden fein säuberlich getrennt interviewt.

Dawkins' Problem ist, dass er kaum eigenständige wissenschaftliche Leistungen vorzuweisen hat, zwar die wissenschaftlichen Fakten ganz gut kennt, aber wissenschaftstheoretisch eine längst überwundene Position aus dem 19. Jahrhundert vertritt. Für ihn sind wissenschaftliche Erkenntnisse schlicht Wahrheiten. Dabei weiß heute jeder, dass eine Erkenntnis nur dann eine wissenschaftliche ist, wenn zugleich klar ist, wie man sie demnächst widerlegen könnte. Falsifizierbarkeit nennt man so etwas. Schlechte Zeiten eigentlich für Leute, die in der Wissen-

37

schaft ewige Wahrheiten suchen. Selbst die Physik weiß spätestens seit der Quantentheorie, dass sie im letzten subatomaren Bereich nur statistische Wahrscheinlichkeiten zu bieten hat. Jedem seriösen Wissenschaftler ist also klar, dass niemand auf solch schwankendem Grund sein ganzes Leben bauen kann. Wissenschaft ist nicht die Welt, sondern sie erfasst nur einen bestimmten Aspekt der Welt und des Lebens. Einen nützlichen und wichtigen gewiss, aber er umfasst zu unserem Glück nicht alles.

Doch so etwas ficht jemanden wie Dawkins und seine wackeren Mitstreiter nicht an. Sie missionieren mit einem Eifer, der guten Christen alle Ehre machen würde, und zwar nicht für die Wissenschaft, sondern vor allem gegen die Religion, wobei sie ausgerechnet die wissenschaftlichen Einsichten über die Religion offensichtlich gar nicht kennen. Und so bemühen sie sich mit Bienenfleiß, eine aus wissenschaftlichen Bruchstücken zusammengebastelte Pappkulisse zu schaffen, von der sie uns erklären wollen, das und nur das sei die Welt, die ganze Welt. Die »Truman-Show« lässt grüßen. Dabei ist das Ganze eine Fälschung und eine plumpe obendrein.

Man merkt das schnell, wenn man die kabarettreifen Karikaturen der Religion untersucht, die sie zum Besten geben. Dabei leben sie unverdrossen noch im naiven Fortschrittspathos des 19. Jahrhunderts, dem schon Goethe im betulichen Wagner seines Faust ein unsterbliches Denkmal setzte: »und wie wir's dann zuletzt so herrlich weit gebracht.« – »O ja, bis an die Sterne weit«, kann Faust da nur sarkastisch antworten. In solchem Stil und auf solchem Niveau reden auch die Dawkins-Jünger daher: Früher, so behaupten sie, hätten die Leute doch tatsächlich geglaubt, die Welt sei in sechs Tagen geschaffen worden. Jedes Kind wisse heute mit Hilfe der Wissenschaft, dass das völlig falsch sei. Wer sich aber wissen-

schaftlich wirklich auskennt, der weiß, dass die Menschen
vor dreitausend Jahren genauso intelligent waren wie
unsereins. Gewiss, sie waren weniger informiert als wir
Heutigen, aber blöd waren sie nicht. Um die Welt zu
verstehen, haben die Menschen damals die Welt nicht gemessen, sie haben sie erzählt. Das ist nicht falsch, das ist
bloß anders, und das tun heute noch die Dichter und die
Denker. Die sechs Arbeitstage Gottes in der biblischen
Geschichte waren für die damaligen Menschen die Glie-
derung einer wichtigen Erzählung und die Begründung
einer den Rhythmus der Zeit prägenden Siebentagewo-
che. Wir können getrost davon ausgehen, dass niemand
damals davon ausging, Gott habe genau 144 Stunden
durchgearbeitet und dann genau 24 Stunden Pause gemacht. Wenn Menschen heute dazu neigen, bloß alles
Messbare wichtig zu finden, dann müssen wir diesen
Fimmel nicht auch den Menschen anderer Zeiten unter-
stellen.

Auch heute, lieber Leser, ist es natürlich für Sie und
Ihr Leben wichtiger zu wissen, ob Sie einem bestimmten Menschen vertrauen können, was bekanntlich nicht
messbar ist, als zu wissen, wie groß genau die Entfernung
zwischen Sonne und Mond ist, da Sie in dieser Gegend
wohl kaum etwas zu tun haben werden. Dennoch neigen
wir dazu, das, was menschlich wichtig ist, für weniger
wahr zu halten als irgendwelche gemessenen Nichtigkeiten. Auch für die Menschen damals war es wichtig
zu wissen, worauf sie sich verlassen konnten. Und die
Geschichte von der Erschaffung der Welt in sechs Tagen
durch den einen, verlässlichen, allmächtigen Gott und
nicht durch unzählige beängstigende, flirrende Natur-
geister gab ihnen das Vertrauen, in einer sinnvollen Welt
zu leben. Wie man in einer solchen Welt lebt, die nicht so
sehr aus Informationen, sondern vor allem aus Geschich-

39

ten besteht, hat übrigens Thomas Mann in seinem Josephsroman eindrücklich geschildert.

Das Volk der Bibel lebte damals in einer Umwelt, in der die Menschen Angst hatten vor den Gestirnen, die sie für Götter hielten, Angst vor Naturgewalten, in denen sie die Kraft ungebändigter Dämonen am Werk sahen, Angst vor eigentlich allem, was sie umgab. Die Geschichte dagegen, die die biblischen Menschen in ihrem heiligen Buch lasen, war eine Geschichte der Befreiung. Der Gott, an den sie glaubten und der für sie sorgte, war ein einziger Gott, und dieser Gott hatte die ganze Welt geschaffen. Vor nichts brauchten sie mehr Angst zu haben, denn alles war Geschöpf, und die Sterne, an die die abergläubischen Nachbarvölker angstvoll glaubten, die Sterne hatte Gott, hatte Jahwe, »wie Funzeln«, so heißt es im hebräischen Text, »an den Himmel gehängt«. Schöner und humorvoller konnte wohl kaum ein Text eine Befreiung klarmachen. Und ich bin sicher, keiner unserer damaligen Mitmenschen hat gedacht, ihr Gott hätte sich tatsächlich höchstpersönlich als Nachtwächter am Himmelszelt betätigt. Sie wussten genau, was die Geschichte sagen wollte, dass man nämlich keine Angst zu haben brauchte vor den Kräften der Natur, weil es einen mächtigen Schöpfer gab, dem man vertrauen konnte. Und sie waren tief dankbar dafür, dass diese Schöpfungsgeschichte eine wahre Geschichte war, die der Klarheit halber durch Tage gegliedert wurde, aber deren Wahrheit natürlich nicht in 144 Wochenstunden Arbeitszeit für einen Nachtwächtergott bestand, sondern in der Freiheit, die sie erlebten und die bis heute gläubige Juden beseelt.

Man muss einfach zugeben, dass die saftige biblische Polemik gegen die funzeligen Sternengötter der Nachbarschaft erheblich flotter ist als der oberlehrerhafte Hinweis der Dawkins-Jünger, das mit den sechs Tagen sei nun mal falsch und so was sei schon eine ziemliche Pleite für eine heilige Schrift. So billig funktioniert das mit dem wissenschaftsgläubigen Atheismus dann doch nicht. Wer die Wissenschaft als kritisches Dauerprojekt respektiert, wird ihr gerecht. Wer an die Wissenschaft glaubt, gründet bloß eine weitere Sekte mit einer kitschig gefälschten Welt für naive Gläubige.

Vergessen wir schließlich nicht die praktischen Wissenschaften der Medizin und der Ingenieurswissenschaft, denen es auf die genaue Erforschung hilfreicher Effekte ankommt. Keine Frage, auch jemand, der mit höchster Anstrengung eine neue Methode entwickelt hat, um Menschen zu helfen, ist hoch zu loben. Doch wer wird annehmen, dass ein berühmter Chirurg, der sich mit Hilfe seines Skalpells höchst kompetent in die Gedärme seiner Mitmenschen vertieft, besser über die Liebe, über Gott und das Geheimnis des Bösen auf der Welt Bescheid weiß als ein x-beliebiger anderer Mitmensch, der niemandem den Bauch aufschneidet. Kompetente Chirurgen tun sich nicht wichtig und konzentrieren sich auf das, was sie können. Wissenschaftsgläubigkeit ist ein Aberglauben, der die Wissenschaft beschädigt.

Vor den großen Fragen des Lebens steht jeder Wissenschaftler genauso beunruhigt da wie alle anderen Menschen. Und der seriöse Wissenschaftler weiß, dass er keinen privilegierten Zugang zu den wirklichen Antworten hat. Denn nichts spricht dafür, dass ein Historiker beim Stöbern im Archiv, ein Botaniker beim Herumschlendern im Wald und ein Astronom beim Durchforsten unserer Milchstraße plötzlich auf Gott stößt. Nichts macht es wahrscheinlich, dass ein hochgescheiter Mensch wie zum Beispiel Immanuel Kant besser als andere erkennt, wen er liebt und wer ihn wirklich liebt. Nichts spricht für die

Annahme, dass ein Hirnforscher, der sich gerade intensiv mit Mäuseexperimenten befasst hat, besser weiß als das alte Mütterchen aus der Eifel, was Gut und was Böse ist.

Wer aus der Wissenschaft eine Weltanschauung macht, der macht aus ihren ernsthaften substantiellen Ergebnissen lächerliche Pappkulissen für einen atheistischen Karneval im Stil der »Truman-Show«. Und diese Pappkulissen schaffen es noch nicht einmal, den ganzen Horizont auszufüllen, denn dafür erklärt die Wissenschaft in Wirklichkeit viel zu wenig, und je mehr Antworten sie findet, desto mehr neue Fragen erheben sich.

c) Wo Papst und Teufel einer Meinung sind

Dieses Selbstverständnis moderner Wissenschaft ist natürlich nichts für die Wissenschaftsgläubigen, die sich die neuen Atheisten nennen, obwohl ihr ganzer naiver Eifer ein einziges Revival des alten Atheismus des 19. Jahrhunderts ist. Solche Gläubigen haben keine Fragen, sondern vor allem Antworten. Und die Antwort aller Antworten ist für den Wissenschaftsgläubigen unserer Tage – die Evolutionstheorie.

Nun ist die Evolutionstheorie in Wahrheit für die Begründung des Atheismus gar nicht gut geeignet. Denn das entscheidende Argument der Atheisten war schließlich seit Demokrit, also seit 2400 Jahren, dass der gesamte Ablauf der Welt naturgesetzlich genau festgelegt sei und dass daher ein Eingriff der Götter oder Gottes in diese Welt gar nicht denkbar sei, ohne dass der ganze Laden in heilloses Durcheinander geraten müsse. Zufall, also irgendein Ereignis, das nicht mit naturgesetzlicher Zwangsläufigkeit eintreten würde, gab es unter solchen Voraussetzungen natürlich nicht, denn alles war notwendig. Und da kam diese Evolutionstheorie plötzlich daher und führte genau das ein: den Zufall. Die Evolutionstheorie funktioniert nur, wenn es zufällige Veränderungen des Erbmaterials gibt, Mutationen. Dabei entstehen dann fitte Ergebnisse und weniger fitte. Die fitten überleben.

Zwar meinen die Dawkins-Anhänger, damit die ganze Vielfalt des Lebens erklären zu können. Doch sie merken nicht, dass sie so eigentlich gar nichts *erklärt*, sondern nur eine Entwicklung *beschrieben* haben, die de facto gemäß den Prinzipien der Evolutionstheorie stattgefunden hat. Aber dass es überhaupt irgendetwas gibt, dass es überhaupt Regeln gibt, dass sich überhaupt irgendetwas entwickelt, das *erklärt* die Evolutionstheorie natürlich nicht. Und wie man von einem Gemälde rein gar nichts begriffen hat, wenn man weiß, wie es entstanden ist, mit Pinsel und Farben nämlich und in einem kontinuierlichen oder sprunghaften Schaffensprozess, so hat man auch von der Schönheit einer Blüte nichts wirklich begriffen, wenn man weiß, dass diese Blüte und auch ihre Attraktivität das Ergebnis einer evolutionären Entwicklung ist. Die Evolutionstheorie in der Biologie *erklärt* also nicht das, was der neue Atheist von ihr erwartet, nämlich eine Welt ohne Gott, ja sie erklärt, worauf Richard David Precht zu recht hinweist, noch nicht einmal, warum sich begrenzte Wirbeltiergehirne um so etwas wie absolute Wahrheit mühen, aber sie führt lange vor der Quantentheorie in der Physik erstmals den Zufall ins naturwissenschaftliche Weltbild ein, und der Zufall ist wie ein Computervirus, der die ganze alte atheistische Argumentation letztlich zerstört. Natürlich bleibt radikaler Atheismus trotzdem immer möglich, aber die Evolutionstheorie ist kein gutes Argument dafür.

Dennoch hat sich erstaunlicherweise gerade die Evolutionstheorie als die klassische Ersatzerklärung der Welt für nichtreligiöse Zeitgenossen eingebürgert. Sie erscheint wie der abschließende Schlussstein im atheistischen Tempel des Nichts. Sie vermittelt den Ungebildeten unter ihren Vertretern das wohlige Gefühl, nun irgendwie alles erklären zu können. Doch das ist schlicht falsch. In Wirklichkeit erklärt sie gar nichts, wie wir gesehen haben, sie beschreibt bloß.

Das Missverständnis der Evolutionstheorie als Totalerklärung der Welt ist der ideale Filmplot für die naiven Regisseure der atheistischen »Truman-Shows« unserer Tage. Und so wirkt für manch einen, der eigentlich spürt, dass die Welt mehr zu bieten hat als das, was die Wissenschaft beschreibt, eine falsch verstandene Evolutionstheorie wie die Pappmascheewand, an die Truman am Schluss mit dem Bug seines Fluchtbootes stößt. Innerhalb dieser falschen Kulissenwelt scheint alles völlig durchschaubar. Ideologen werden bekanntlich von nichts mehr überrascht, denn sie wissen in ihrer ausgedachten leblosen Welt ja alles schon im Voraus. Und so gibt es auch für den Evolutionsideologen kein Staunen mehr über wunderschöne Blumen, prachtvolle Tiere und geistreiche Menschen. Wie ein schleichendes Gift greift tödliche Langeweile um sich in der Welt unter der Glocke. Immer mehr Menschen haben das Staunen verlernt. Freilich gibt es gute psychologische Gründe, warum Menschen dennoch die gewohnte öde und zudem noch falsche Welt dem Abenteuer vorziehen, sich ein Herz zu fassen, aufzubrechen und durch den Ausgang in der Pappwand in die eigentliche Welt vorzustoßen. Denn diese Welt ist inzwischen unbekannt.

Die Thesen des Richard Dawkins sind wortreich, aber nicht sehr intelligent. Doch darf man seine Wirkung nicht unterschätzen. Seine effektvolle Selbstinszenierung als tapferer missionarischer Kämpfer für das Licht der Aufklärung gegen die Dunkelheiten der Religion und seine raffinierte Behauptung, die meisten seien ohnehin Atheisten, seien bloß zu feige, es offen zu sagen, haben bei manch einem geheimen Atheisten, der so etwas nicht auf sich sitzenlassen wollte, zum atheistischen Outing beigetragen. Mag sein, dass das auch Helmut Schmidt veranlasst hat, sich auf seine alten Tage selbst als frühreifer Atheist zu bekennen und sich dafür preisen zu lassen, dass er den schlichten Durchschnittsmenschen, also den Wahlbürgern, jahrzehntelang die Unwahrheit gesagt ha be, um sie nicht zu beunruhigen. Solch ein Beispiel beeindruckt manchen verunsicherten Zeitgenossen. Es scheint, dass die Anmutung der Modernität zusammen mit dem Image eines Wissenschaftlers und einer geschickten Vermarktungsstrategie Menschen besonders geneigt macht, ihren Verstand auszuschalten und in der atheistischen »Truman-Show« mitzuspielen, die Dawkins weltweit inszeniert. Dabei urteilt der keineswegs gläubige Philosoph Peter Sloterdijk über das Dawkinssche Bekenntnisbuch, dass es »der unvergänglichen Seichtheit des anglikanischen Atheismus ein Denkmal setzt«.

Allerdings darf man nicht den Fehler begehen, Richard Dawkins als Protagonisten der Wissenschaften zu sehen. Nach der Krise des physikalischen Weltbilds zu Beginn des 20. Jahrhunderts sind die großen Naturwissenschaftler der letzten hundert Jahre nicht selten gläubige Menschen gewesen. Von dem Physiker Werner Heisenberg, der 1932 den Nobelpreis für Physik erhielt, ist der berühmt gewordene Satz überliefert:

»Der erste Schluck aus dem Becher der Wissenschaft führt zum Atheismus, aber auf dem Grund des Bechers wartet Gott.«

Wer glaubt, Dawkins' »Gotteswahn«, das sei die Wissenschaft, der ist der hemmungslosen Propaganda eines geschickten Verkaufsstrategen aufgesessen, der längst ausrangierte wissenschaftliche Antiquitäten aus dem 19. Jahrhundert als das Neuste vom Neusten unter die Leute bringt.

Die Wissenschaft ist eine moderne, in sich schlüssige Erzählung von der Welt unter einer ganz speziellen Perspektive, und unter dieser Perspektive muss sie tatsächlich methodisch so vorgehen, dass sie von Gott absieht. Sie misst, berechnet und wiegt, und sie denkt dann darüber nach, und zwar so, als ob es Gott nicht gäbe. Aber am Ende weiß sie, dass ihre Einsichten begrenzt sind.

Auch Wissenschaftler sind nur Menschen, und das beste Beispiel für ihre menschlichen Schwächen ist übrigens das typische universitäre Milieu, in dem derjenige, der die meisten guten Veröffentlichungen vorweisen kann, geradezu als eine bessere Form von Mensch angesehen wird, wo merkwürdige Hierarchien herrschen und im Umgang miteinander Verhaltensweisen an den Tag gelegt werden, die für Außenstehende völlig unverständlich sein müssen. Die universitäre Welt ist eine Welt für sich und erscheint bisweilen so skurril wie jenes Bauernmöbelarrangement, von dem schon die Rede war. Doch in existenziellen Fragen reagieren Wissenschaftler wie alle Menschen, die von ihrem eigenen unvermeidlichen Tod wissen, die vor Lebensentscheidungen stehen, für die, wie gerade sie selbst nur zu gut wissen, die Wissenschaft natürlich über keine Antworten verfügt. Und so wird der lebensweise Wissenschaftler keine Probleme haben, sich unvoreingenommen den existenziellen Erfahrungen von Religion, Liebe und Moralität zu öffnen.

Einstein, der nur bis zu einem Pantheismus vordrang, also dem Glauben, dass Gott sozusagen identisch ist mit der Natur, hat den Glauben an einen Sinn des Ganzen sogar für einen Antrieb seiner physikalischen Forschungen gehalten. Sein Ausspruch »Der liebe Gott würfelt nicht« lässt das Bemühen um das Auffinden von Gesetzmäßigkeiten der Welt zumindest auf eine religiöse Ahnung zurückgehen. Denn warum sollte eine große gottlose und sinnlose Welt nicht schier unberechenbar komplizierte Zusammenhänge haben?

Der Philosoph Ludwig Wittgenstein hat in seinem berühmten »Tractatus« geschrieben: »Die Welt ist alles, was der Fall ist ... Worüber man nicht sprechen kann, darüber muss man schweigen.« Das wird immer gerne von Positivisten zitiert, die nichts für wahr halten als das, was man sehen und messen kann. Doch sie wissen nicht, dass der Text das ganz anders meint, denn Wittgenstein schreibt im selben »Tractatus«: »Es gibt allerdings Unaussprechliches. Dies zeigt sich, es ist das Mystische.« Die Fülle dessen, was wir im Leben erleben, auf das zu reduzieren, was die Wissenschaft beschreiben kann, hieße, die unglaubliche Lebendigkeit eines Menschen lächerlicherweise auf ein paar Formeln zu reduzieren. Ludwig Wittgenstein endete als frommer Mensch.

Gerade große Wissenschaftler wussten schon immer sehr gut, dass ihrer wissenschaftlichen Erkenntnis nur ein Ausschnitt offen steht und dass sie damit nicht die wahre Welt erfassen. Und so können solche Wissenschaftler einen Sonnenuntergang wirklich genießen, ohne sich dauernd sagen zu müssen, dass das letztlich doch auch nur alles bloß Wellen und Elementarteilchen sind. Denn ein Sonnenuntergang besteht eben nicht bloß aus Wellen und Elementarteilchen, sondern aus viel mehr – auch beim heutigen Stand der Wissenschaft!

Es ist also nicht die Wissenschaft, die die Welt einfältig macht und damit fälscht, ihre ideologischen Propagandisten sind es, die sie fälschen, und die Menschen lassen es sich gerne gefallen. Weitaus die meisten Menschen sind gar keine Wissenschaftler, aber je weniger sie die Wissenschaft wirklich kennen, desto mehr ist Wissenschaft für manche so etwas wie eine Gralsburg der Wahrheit, die den Schlüssel zur Erkenntnis des Ganzen birgt. Denn wenn die kuschelige kleine Welt des Milieus die Sehnsucht nach einem Gefühl der Geborgenheit befriedigt, dann bietet ein holzschnittartiger Wissenschaftsglauben scheinbar die Antworten für alle übrigen Fragen. Auf diese Weise lässt die Welt, in der so jemand lebt, nichts mehr zu wünschen übrig. Man darf das nicht unterschätzen, eine solche Scheinwelt hat eine enorme Stabilität. Jedem Versuch, die Unhaltbarkeit der Grundannahmen dieser Art von Weltanschauung aufzudecken, wird der Bewohner dieser falschen Welt heftigen Widerstand entgegensetzen. Warum sollte so jemand ein Schiff besteigen und aus dieser heilen Trugwelt fliehen? Gewiss, er verpasst sein höchstpersönliches echtes Leben. Doch er merkt das noch nicht einmal. Wie kaum ein anderer hat das Friedrich Nietzsche vorausgesehen: »Die Erde ist dann klein geworden, und auf ihr hüpft der letzte Mensch, der Alles klein macht. ... Ein wenig Gift ab und zu: das macht angenehme Träume. Und viel Gift zuletzt, zu einem angenehmen Sterben ... Man hat sein Lüstchen für den Tag und sein Lüstchen für die Nacht, aber man ehrt die Gesundheit.«

Der Atheismus Friedrich Nietzsches ist von ganz anderem Niveau als der fundamentalistische Atheismus eines Richard Dawkins. Er arbeitet nicht mit falschen Kulissen, sondern er deutet die Welt, deren schmerzhaften und verstörenden Aspekten er sich rückhaltlos aussetzt, mit letzter leidvoller Konsequenz atheistisch. Es gibt ihn also auch, den seriösen existenziellen Atheismus, der sich jeder vorlauten Propaganda enthält.

Am Schluss dieses Kapitels dürfte klargeworden sein, dass die Welt eben nicht bloß das ist, was die Wissenschaft beschreibt, und dass naive Wissenschaftsgläubigkeit ganz entscheidend zur Fälschung der Welt beiträgt. Dagegen sind gerade Wissenschaft und Vernunft die besten Instrumente gegen die Versklavung des Menschen durch Irrationalitäten aller Art. Freilich gibt es da religiöse und atheistische Irrationalitäten. Wie irrational fundamentalistische Atheisten sind, haben wir bereits hinreichend belegt. Aber natürlich gibt es auch in vielen religiösen Sekten ein hohes Maß an Irrationalität, das die Mitglieder ganz gefangen nimmt und wirkliche Wissenschaft als feindlich erscheinen lässt. Dagegen geben die großen christlichen Kirchen der Vernunft Raum. Papst Benedikt XVI. hat in seiner »Regensburger Rede« alle Religionen aufgefordert, im Umgang miteinander auf Vernunft zu setzen. Ohne Vernunft gibt es keinen wirklichen Dialog, und sie ist es auch, die der Gewalt wehren kann. Vernunft und Wissenschaft sind für Christen gute Gaben Gottes. Und das sieht in Goethes »Faust« sogar Mephistopheles so: »Verachte nur Vernunft und Wissenschaft, des Menschen allerhöchste Kraft ... so hab ich dich schon unbedingt.« Und Mephistopheles ist – der Teufel!

2.
Psycho-Fälscher –
Die Auflösung der Wahrheit
in Psychologie und wie ich ein
Burnout-Burnout bekam

Meine Damen und Herren, all diese Psychotheorien sind doch nicht wahr, und wir brauchen sie in Wirklichkeit ja auch gar nicht für die Patienten. Wir brauchen sie für uns, damit wir an sie glauben können. Und wenn wir ganz fest an sie glauben, dann strahlen wir Sicherheit aus. Und diese Sicherheit ist es, die den Patienten hilft.« Ich erinnere mich noch gut der fassungslosen Blicke mancher Teilnehmer, als der sympathische alte Psychoanalytiker uns gleich zu Anfang des Seminars, charmant wienerisch, mit dieser Einsicht beglückte. Und für Nichtwiener ist bekanntlich bei diesem Akzent nie ganz klar, ob das nun ernst oder ironisch oder gar ein ganz klein bisschen zynisch gemeint sein könnte. Doch der alte Therapeut meinte das offenbar völlig ernst, und er amüsierte sich über die vielen verblüfften Gesichter, in die er da schaute.

a) Die Ermordung einer schönen Theorie
durch eine hässliche Tatsache

Gerade hatte ich meine Psychotherapieausbildung begonnen, und Humor kam da eigentlich gar nicht vor. Im Gegenteil. Es herrschte bei den meisten Ausbildungsteilnehmern eine ziemlich ernsthafte und ziemlich unkritische grenzenlose Wissbegier für jede noch so weit hergeholte psychologische Theorie, und alles hielt man natürlich für wahr. Ich erinnere mich eines solchen Seminars, bei dem sich mir plötzlich der Gedanke aufdrängte, wenn der Leiter jetzt mit etwas Nachdruck behaupten würde, da säße gerade ein weißes Kaninchen in der Mitte, die würden das alle auch sehen, zumindest würde niemand zugeben, dass er, er allein, es nicht sehen könne. So war die Lage damals.

Psychoanalyse wollte ich lernen, denn das schien zu dieser Zeit die renommierteste Psychotherapieform. Und obwohl ich selber schon damals das psychoanalytische System mit Skepsis betrachtete, wollte ich »die Analyse« zumindest authentisch kennenlernen, um mir einen besseren Eindruck zu verschaffen und nicht ungerecht zu urteilen. Schlimmstenfalls hätte ich dann wenigstens zu den Gebildeten unter ihren Verächtern gezählt. So hatte ich einen bedeutenden Psychoanalytiker in München aufgesucht, um ihn zu fragen, wo es denn seiner Ansicht nach noch einen großen Analytiker gebe, bei dem ich meine Ausbildung absolvieren könne. Die Antwort war nicht allzu berauschend. Er schwärmte zwar von dem berühmten Analytiker, bei dem er selbst zehn Jahre lang auf der Couch gelegen habe, aber auf meine Frage müsse er mir leider mitteilen, dass es heute keine großen Therapeutenpersönlichkeiten mehr gebe, die seien alle tot. Na ja, da gebe es noch einen, der vertrete aber einige abweichende Thesen und werde daher von fast allen anderen Analytikern gemieden. Wenn ich bei dem meine Ausbildung machen würde, würde ich anschließend von rechtgläubigen Analytikern wie ein Sektenanhänger behandelt. Am besten solle ich einfach die Schriften Sigmund Freuds lesen und mir dann irgendein beliebiges Institut suchen, um die nötigen Bescheinigungen zu erhalten. Das war ernüchternd, aber vielleicht gar nicht schlecht, denn so konnte ich mich unbefangener ans Werk machen.

Ich las Freud. Und war enttäuscht. Allenthalben hatte ich gehört, dass Freuds Texte von großer Schönheit und Tiefe seien. Doch was ich las, schien mir weder schön noch tief. Als Theologe hatte ich mir natürlich sofort seine religionskritischen Schriften »Totem und Tabu« und »Die Zukunft einer Illusion« vorgenommen. In »Totem und Tabu« wurde auf der Grundlage im Wesentlichen nur einer Literaturangabe (J. G. Frazer) aus dem phantasierten Vatermord der Ur-Rotte in sich wiederholenden immer neuen Anläufen eine ganze Welt hergeleitet, nicht bloß die Religion, die Moral, die Kultur, sondern auch all unser neurotisches Getue. Für ein wissenschaftliches Werk war mir das erheblich zu spekulativ. Es fehlten vor allem schlüssige Argumente. Und schön fand ich das allzu breite Auswalzen einer einzigen These auch nicht gerade. Gewiss, seine therapeutischen Schriften hatten dann sozusagen mehr lebendiges Fleisch an den ideologischen Knochen. Doch die ganz wenigen, ziemlich speziellen Fälle, aus denen Freud seine höchst weitreichenden allgemeinen Schlüsse zog, einerseits und das Offenbarungspathos andererseits, mit dem der Meister diese Erkenntnisse dann als die eigentlichen geheimen Wahrheiten ausgab, die hinter allem alltäglichen Schein lägen, ließen meine Skepsis wachsen und verdarben mir die Freude an Freud.

Mit der praktischen Ausbildung war es dann nicht viel besser. Anfangs fand ich es noch lustig, wie bierernst da immer wieder bei jeder sich bietenden Gelegenheit Freud zitiert wurde, wie man bei noch so geringen Abweichungen von der klassischen Form sich beflissen rechtfertigte, man habe da einen späten Brief von Freud gefunden und da habe Freud doch tatsächlich berichtet, er habe seinem

Patienten noch ein Butterbrot geschmiert, was doch eigentlich gegen alle Regeln verstoße. Aha! Niemand wäre natürlich auf den empörenden Gedanken gekommen, daraufhin trotzdem immer noch zu finden, dass es keine gute Idee sei, mit seinen Patienten nach der Therapiestunde gemeinsam essen zu gehen. Denn Freud selbst hatte es doch gesagt, und der Brief war unzweifelhaft echt, und der Freud sei ja viel lockerer, als viele immer behaupten würden, und wie der demütigen Lobpreisungen sonst noch waren. Freud jedenfalls war die Offenbarung, seine Texte waren heilige Schriften, und wer das nicht so sah, war dumm oder ein abgefeimter Ketzer.

Irgendwie kannte ich solches Gehabe aus der Religionsgeschichte. Und Freud selbst hatte tatsächlich viel dafür getan, die Psychoanalyse wie eine Religionsgemeinschaft zu etablieren. Er gab seinen Meisterschülern Ringe, wie sie in der katholischen Kirche die Bischöfe tragen, er ließ Konzilien abhalten, die nur dann gültige Beschlüsse fassen konnten, wenn er, der »Papst«, zustimmte, er sprach Exkommunikationen aus, wie über C. G. Jung, seinen phantasievollen, unbotmäßigen Meisterschüler. Also alles in allem: nichts Neues unter der Sonne.

Mehr und mehr wurde mir klar, dass mit der Welt etwas nicht stimmte, in die ich da eingetaucht war. Für eine Therapiemethode jedenfalls fand ich den unfehlbaren Habitus, mit dem hier irgendwelche »Wahrheiten« verkündet wurden und alles andere in Bausch und Bogen der Verdammnis anheimfiel, ziemlich befremdlich und im Übrigen auch nicht ganz ungefährlich. Denn wie will man auf solche Weise therapeutische Fehler erkennen? Und so kann der Misserfolg der Therapie dann auch konsequenterweise niemals an der eigenen Methode liegen, sondern selbstverständlich nur am Patienten, der »im Widerstand« ist, »nicht motiviert« ist oder »agiert«. Patienten sind offenbar schreckliche Menschen. Auf solche Weise bleibt die heile Welt der Psychoanalyse immer in Ordnung, und niemand kann auf den Gedanken kommen, dass diese ganze Welt – vielleicht ganz einfach falsch sein könnte.

Ich erinnere mich gut der naiv-gläubigen Gesichtszüge eines Ausbildungskandidaten, der immer in der ersten Reihe saß und auch wirklich alles mitschrieb und der immer so etwas fragte wie, was denn nun wirklich im zweiten Lebensjahr in einem Kind vorgehe. Und anstatt der heute wissenschaftlich gültigen Antwort, das könne man nun mal nicht genau wissen, erhielt er ultimative Offenbarungen vom Dozenten, der sich dafür auf psychoanalytische Autoritäten berief, wie bei mittelalterlichen Autoritätsbeweisen. Und doch hatte bereits im Mittelalter Thomas von Aquin mit aller wünschenswerten Klarheit gesagt: »Philosophie hat nicht die Aufgabe, zu erfahren, was andere Leute gesagt haben, sondern zu erfahren, wie die Wahrheit der Dinge sich verhält.« Der Fragesteller freilich, dessen treuherziger Blick übrigens viel Ähnlichkeit mit Truman Burbank aufwies und der immer einen bestimmten unbeschreiblichen Pullover trug, suchte eigentlich nicht nach Wahrheit, sondern nach der untrüglichen Sicherheit einer Weltanschauung, und der Dozent gab sie ihm ein ums andere Mal. Solche Leute leben in ihrer eigenen psychoanalytischen Welt, mit Neurosen, Regressionen, Projektionen, Abspaltungen, Verdrängungen, Verleugnungen, Widerständen und Übertragungen wie mit Plüschtieren, die alles heimelig und irgendwie bekannt erscheinen lassen.

Wird diese Welt in Frage gestellt, dann können sie ungemütlich werden, die Regisseure der psychoanalytischen Kunstwelt. Als Dieter E. Zimmer, ein Redakteur der »Zeit«, manchen Artikel und schließlich ein gut recherchiertes und sehr unterhaltsames Buch über die Irrtümer und Katastrophen der Psychoanalyse mit dem Titel »Tiefenschwindel« schrieb, hagelte es heftigste Beschimpfungen von vielen gestandenen Psychoanalytikern – die er amüsiert gleich mit abdruckte. Andererseits bekennt in Frankreich ein Analytiker sein Entsetzen und seine Scham darüber, wie er erleben musste, dass ein depressiver Patient in kürzester Zeit mit einem der neuen antidepressiven Medikamente geheilt wurde, obwohl das allem völlig widersprach, was er bisher über einen notwendigen langen psychoanalytischen Prozess vertreten und umgesetzt hatte.

Schon Einstein hatte davon gesprochen, es sei nichts tragischer als die Ermordung einer schönen Theorie durch eine hässliche Tatsache. Umso mehr versucht man mit aller Kraft die Wahrheit der eigenen Ideologie zu retten. Man scheut dabei nicht vor Fouls zurück: Die Verhaltenstherapie, die wissenschaftlich bekanntlich die meisten guten Resultate vorzuweisen hat, bleibe nur an der Oberfläche, und in Wirklichkeit und in Wahrheit und eigentlich sei das alles ja ganz anders. Mit bemitleidenswert komplizierten Theorien versucht man eine Welt, die man nicht mehr versteht, psychoanalytisch zu deuten, doch diese intellektuellen Klimmzüge wirken wie die Astrolabien von dazumal, die die Planetenbahnen unter der komplizierten Grundvoraussetzung abbildeten, dass die Erde im Mittelpunkt stehe. Irrtümer zu verteidigen ist intellektuell oft erheblich mühsamer, als schlicht die Wahrheit zu vertreten. Mit der Sonne in der Mitte wäre alles bekanntlich viel einfacher gegangen, doch das sah die damalige Weltanschauung eben nun mal nicht vor.

Als ich übrigens dem umstrittenen Psychotheologen Eugen Drewermann zum ersten Mal begegnete, fiel mir an ihm sofort ein ganz ähnlicher Pullover auf wie bei meinem analysefrommen Ausbildungskollegen und ebenso die wahrheitsschwangere Humorlosigkeit, mit der auch er seine psychoanalytischen Theorien vertrat. Dem alten klugen und humorvollen Psychoanalytiker aus Wien, der mich ausgebildet hat, ist er wohl nie begegnet.

Die Welt der Psychoanalyse ist falsch, jedenfalls nicht wahr, doch was trägt eine Psychotherapierichtung, die zwar berufspolitisch noch über manchen Einfluss verfügt, aber deren Effizienz wissenschaftlich inzwischen höchst umstritten ist, zur Fälschung der Welt im Ganzen bei? Therapeutisch waren bekanntlich bereits die »Erfolge« Freuds höchst mager, aber publizistisch feierte er beispiellose Triumphe. Und das lag ausgerechnet an den weltanschaulichen Aspekten seiner Lehre, die sie heute so sehr in Misskredit bringen. Im ausgehenden 19. Jahrhundert, als man noch nicht in dem Glauben erschüttert war, man werde demnächst naturwissenschaftlich die ganze äußere Welt verstehen, gab es scheinbar nur noch ein einziges ganz unerforschtes Gebiet: die innere Welt des Menschen. Der fortschrittsgläubige wissenschaftliche Optimismus brach sich an den unsäglichen Verklemmtheiten einer in sexuellen Obsessionen erstarrten Bürgerwelt. Jeder hätte da Aufsehen erregt, der plötzlich hemmungslos über Sexualität gesprochen und geschrieben hätte. Am ehesten hätte man mit so jemandem wahrscheinlich kurzen Prozess gemacht und ihn aus dem Verkehr gezogen.

Doch Freud ging subtiler vor. Als Arzt konnte er, in der Absicht, leidenden Menschen zu helfen, mehr sagen, schreiben und tun als gewöhnliche Sterbliche. Und da er seine »therapeutische Kur« mit höchst gebildeten Deutungen, zum Beispiel dem klassischen Mythos vom tragischen König Ödipus, garnierte, waren die bildungsstolzen Kreise, in denen er seine Patienten fand, schnell fasziniert. Hinzu kam, dass er aus der Psychoanalyse eine Weltdeutung machte, ein Passepartout, mit dem man Leben und Tod, Krieg und Frieden, ja sogar den Moses von Michelangelo angeblich definitiv verstehen konnte. Die Psychoanalyse ließ eine ganze phantastische innere Welt entstehen und füllte so ein Vakuum in einer religionsmüden Zeit. Sie war wie eine gnostische Geheimsprache, durch die sich gebildete A-gnostiker raunend miteinander verständigen konnten. Keine Frage, auch wenn die Freudsche Psychoanalyse bloß eine ausgedachte Welt schuf und nur eine Pseudosicherheit vermittelte, sie wirkte emanzipatorisch für viele, die gefangen waren in den leibfeindlichen Verrenkungen einer erstarrten und morbiden bürgerlichen Welt. Das ist ihr unbestreitbares Verdienst, und davon zehren ihr Mythos und ihr Einfluss aufs allgemeine Bewusstsein noch heute.

Doch die Freiheit, die die Psychoanalyse zu versprechen schien, war auch nur eine Illusion, denn dadurch, dass sie alle letzten Ursachen in der nicht mehr veränderbaren frühen Kindheit festmachte, schien hier gleichfalls plötzlich alles erklärbar und nicht mehr wirklich frei. Und so war auch in dieser Psychowelt alles reduziert, nicht auf Atome und Wellen wie in der Physik, sondern jetzt hieß es einfach, alles menschliche Verhalten sei »nichts anderes als« ein Reflex auf Erlebnisse der frühen Kindheit, »nichts anderes als« eine Reaktion auf die Eltern, »nichts anderes als« ein Spiel von triebhaftem Es, leidvollem Ich und moralischem Über-Ich. Und den Clou, das Drehbuch dieses Spiels, kannte nur die Psychoanalyse, die Psychoanalyse allein. Freiheit sieht anders aus. Gewiss, es gibt auch heute noch hervorragende Psychoanalytiker, die gute Arbeit leisten, doch manche voll durchanalysierten Mitmenschen wirken merkwürdig befangen in einer irgendwie bewusst wohltemperierten Emotionalität. Als die Therapieeffizienzforschung in unseren Tagen feststellte, dass die große Psychoanalyse allenfalls für Gesunde geeignet ist, war plötzlich Feuer unterm Dach. Denn das war der Offenbarungseid für eine Therapieform, deren Stern ohnehin schon im Sinken begriffen war. Das hohe Renommee freilich, das Psychoexperten heute unverändert genießen, verdanken sie noch immer der scheinbar alles verstehenden spektakulären Psychoanalyse.

Doch die Psychowelt ist nicht wahr, sie ist eine Konstruktion, die manchmal nützlich ist, sie weiß nichts von der eigentlichen Welt, von Liebe, Gott, dem Sinn des Lebens und der Gefahr des Bösen. Sie kennt nur kranke Schuldgefühle und weiß nichts von wirklicher Schuld, sie kennt unersättliche Liebessehnsucht und weiß nichts von wirklicher Liebe, sie kennt religiöse Verirrungen und weiß nichts von Gott oder dem Sinn des Lebens. Deswegen ist gute Psychotherapie immer bescheiden.

b) Ein phantastischer Opernbesuch

Als ich mich dann mit anderen Psychotherapieformen beschäftigen wollte, stieß ich auf Paul Watzlawick. Er war ein renommierter Kommunikationswissenschaftler und Psychotherapeut und hatte sogar einen Bestseller geschrieben mit dem schönen Titel »Anleitung zum Unglücklichsein«. In diesem kleinen Buch setzte er sich höchst humorvoll mit den Schattenseiten der Psychoanalyse auseinander. Das Frau-Lot-Syndrom nennt er die von der Psychoanalyse bisweilen geförderte Angewohnheit, immer wieder in die Vergangenheit zu blicken, und tatsächlich kann man da Patienten begegnen, die ihre Zukunft verpassen, weil sie sich in ihrer Vergangenheit verlaufen haben.

Paul Watzlawick war einer der Begründer der systemischen Therapie. Das klingt kompliziert, ist es aber gar nicht. Therapeuten wie er gehen davon aus, dass der Mensch nicht bloß ein isoliertes Individuum ist, sondern dass er in einem System von Mitmenschen, von Bedeutungen und Gewohnheiten lebt und dass manche Menschen irgendwann in ihrem Leben in eine Sackgasse geraten, indem sie immer wieder etwas tun, was nicht funktioniert. Anstatt diese störende Gewohnheit nun immer wieder zu besprechen und sie auf ihre Ursachen hin zu untersuchen, schlagen Systemiker vor, in solchen Fällen einfach einen Unterschied zu machen, der einen Unterschied macht, also einfach den Kontext beziehungsweise die Perspektive an einem ganz bestimmten Punkt deutlich zu verändern. Manchmal kann es ausreichen, bloß den Ort des störenden Verhaltens zu verändern. Beispiel Ehestreit: Wenn der beide Seiten bloß noch nervende ritualisierte Krieg vom Wohnzimmer ins Schlafzimmer verlegt wird, kann das auf erfreuliche Weise den eingefahrenen Ritus durchbrechen und zu fruchtbaren Ergebnissen führen.

Natürlich ist das nicht immer einfach, aber Systemiker finden oft höchst kreative Lösungen für scheinbar unlösbare Probleme. Mich beeindruckten solche Anregungen, die nicht vor allem die Vergangenheit und die Probleme, sondern die Zukunft und Lösungen in den Blick nahmen. Dabei hatten Systemiker, wie schon gesagt, eine interessante Sicht der Wahrheit. Genau gesagt, die Wahrheit interessierte sie einfach nicht. Sie kannten nur mehr oder weniger nützliche Perspektiven von der Welt, und so etwas wirkte auf mich nach den ideologischen Verrenkungen, die ich in meiner psychoanalytischen Ausbildung kennengelernt hatte, befreiend.

Streng genommen wäre es Systemikern daher auch

ganz egal, ob die Welt gefälscht ist. Mit einer erfreulich oder nützlich gefälschten Welt würden sie sich wahrscheinlich sofort arrangieren. Als Therapeuten jedenfalls. Dass es bei Systemikern also die Wahrheit augenscheinlich nicht gab, störte mich nicht weiter, denn ich war ja vor allem Arzt geworden, um leidenden Menschen zu helfen, und das konnte man offensichtlich auch, wenn man es dahingestellt sein lässt, ob das alles wahr ist oder nicht, ob es um die Wahrheit der eigenen Psychotheorie oder um die Wahrheit der Geschichten der Patienten geht. Das mag alles ziemlich theoretisch klingen, kann aber höchst praktische Konsequenzen haben.

Kaum hatte ich mich mit solchen Ideen befasst, gab es auf unserer geschlossenen Station einen beunruhigenden Vorfall. Eine schwer kranke Patientin, die immer wieder gefährliche Suizidversuche begangen hatte, war auf dem Wege der Besserung und hatte am Wochenende erstmals Ausgang erhalten. Wir hatten mit ihr vorher ein Programm abgesprochen, und als sie am Sonntagabend pünktlich zurückkam, berichtete sie strahlend, es hätte alles ganz toll geklappt. Der Höhepunkt sei am Samstag der Opernbesuch gewesen, und sie schilderte sehr anschaulich die Aufführung. Und da geschah das völlig Unerwartete. Zum Spätdienst erschien eine Krankenschwester, die zufällig am selben Abend in die gleiche Oper hatte gehen wollen. Doch die Aufführung war – ausgefallen.

Im Team machte sich Panik breit. Wie sollte man dieser Patientin überhaupt noch etwas glauben, wenn sie so abgefeimt log? Und angesichts der brutalen Suizidversuche fühlte man sich besonders darauf angewiesen, dass man ihr vertrauen konnte. Doch schnell waren wir uns einig, dass es uns nicht um die Wahrheit gehen musste, sondern darum, einer schwer leidenden Patientin zu helfen – und der ging es nach diesem Wochenende prächtig. Also führten wir ein Gespräch mit ihr, in dem wir beiläufig erwähnten, dass wir erfahren hätten, dass die Opernaufführung nicht stattgefunden habe, dass das aber gar nicht schlimm sei. Denn manche Patienten könnten sich in ihrer Phantasie so intensiv in eine solche Situation hineinversetzen, als hätten sie sie erlebt, und das wirke sich auf ihre Verfassung genauso positiv aus, als wenn sie das wirklich erlebt hätten. Diese Intervention verbesserte unser therapeutisches Verhältnis zu dieser Patientin schlagartig. Sie fühlte sich akzeptiert und nicht wie sonst immer bei Fehlverhalten gemaßregelt. Die Liquidation der Wahrheit durch die systemische Therapie hatte Wunder gewirkt.

Systemiker gehen also einfach davon aus, dass es ganz viele Welten gibt, in denen wir leben, dass es keine Wahrheit gibt, sondern bloß begrenzte und veränderbare Perspektiven, aus denen wir die Welt sehen können. So sind für sie dann auch alle Psychotherapiemethoden, die es so gibt, nicht wahr oder falsch, sondern bloß mehr oder weniger nützlich. Das vermeidet ideologische Scheuklappen, und es half mir, mich ganz unvoreingenommen mit einer ganzen Reihe von Psychotherapiemethoden zu befassen.

Zugleich war aber klar, dass es dennoch eine bestimmte Perspektive gab, die keiner Psychotherapiemethode zugänglich ist und in der es dann doch um Wahr und Falsch, Gut und Böse, wahre Liebe und bloße Illusion geht, die existenzielle Perspektive nämlich. Denn auch für einen systemischen Therapeuten ist natürlich die Aussage seiner Frau, dass sie ihn wirklich liebe, nicht bloß eine mehr oder weniger nützliche Perspektive auf seine Partnerschaft, sondern etwas Einmaliges, das ihn in seinem Kern betrifft. Auch für ihn besteht der Sinn seines Lebens nicht in mehr oder weniger nützlichen Perspektivwechseln. Und auch für einen systemischen Therapeuten ist es in seinem Privatleben keinesfalls egal, ob ihn jemand belügt oder nicht und ob die Welt, in der er lebt, eine gefälschte Welt aus Pappkulissen ist oder Substanz hat. Für diese existenziellen Erfahrungen hat auch er allerdings nicht mehr Fachkompetenz als das sprichwörtliche alte Mütterchen aus der Eifel.

Doch das ist der Öffentlichkeit nicht bewusst. Für sie sind Psychoexperten verehrungswürdige Gestalten mit einem unheimlichen Geheimwissen über Gott und die Welt. Aber das ist natürlich völliger Unsinn. Im besten Fall kann ein gut ausgebildeter Psychoexperte einen leidenden Menschen mit einer bestimmten Methode möglichst schnell von einem lästigen Waschzwang befreien oder von anderen krankhaften Störungen. Man soll das nicht geringschätzen, denn ein echter Waschzwang kann einem das Leben wahrhaftig zur Hölle machen. Aber, mal ganz im Ernst, was um Gottes willen weiß der hochprofessionelle Psychofachmann durch Kenntnis und Anwendung einer solchen cleveren Methode mehr von Gott und der Welt als Otto Normalverbraucher? Dennoch, ein Psychotherapeut, der seriöserweise bekennen würde, dass er keine Ahnung habe, wie man glücklich werden könne und was überhaupt der Sinn des Lebens sei, und stattdessen lieber eine Geschichte von seiner alten Tante aus der Eifel erzählt, die eine Lebenskünstlerin gewesen sei, läuft Gefahr, für übertrieben bescheiden oder etwas merkwürdig gehalten zu werden. Denn von psychologischen Heilsbringern wie ihm erwartet das gläubige Publikum, ob er nun will oder nicht, die Erfüllung fast aller Wünsche, die rosa Brille für jede Lebenslage, ja man verlangt sie geradezu ultimativ selber, die fachkundige Fälschung der mühsamen Welt.

Woran liegt das? Zum einen neigten schon die Eltern der modernen Psychologie, Sigmund Freud und die Psychoanalyse, wie erwähnt, dazu, übertrieben viel Aufhebens von ihrem angeblichen Weltwissen zu machen. Sie behaupteten ja, hinter der sichtbaren Welt gebe es eine unbewusste psychische Hinterwelt und das exklusive Geheimwissen darüber hätten sie und nur sie. So etwas macht Eindruck, und vom kleinen aufgeweckten Jungen bis hin zum ausgebufften Journalisten gibt es bekanntlich nichts Spannenderes, als hinter ein dunkles Geheimnis zu kommen. Andererseits wird die unbändige Sehnsucht der Menschen nach Heil und Glück in unseren Breiten nicht mehr von den Religionen befriedigt, und so verehrt das heidnische Volk in irgendwelchen Psychotherapiemethoden Heilslehren und in Psychoexperten die Hohepriester einer weltlichen Erlösungsreligion.

Allerdings mag sich mancher Kollege geschmeichelt fühlen, wenn er von Gott und der Welt zu Gott und der Welt befragt wird und dazu dann irgendeine pompöse Antwort zum Besten gibt. Solche Antworten müssen entweder sehr einfach oder sehr unverständlich sein, dann erregen sie am meisten Aufmerksamkeit. Dabei hat in Wirklichkeit ein wackerer Psychiater und Psychotherapeut im besten Fall tagaus, tagein mit irgendwie gestörten Menschen zu tun, denen er mit verschiedenen guten Methoden helfen kann, wieder gesund oder wenigstens erträglich leben zu können. Gerade also wenn er in seinem Job fleißig arbeitet, hat er mit dem normalen Leben mutmaßlich herzlich wenig zu tun. Warum soll er dann eigentlich da besonders kompetent sein? Dennoch biegen sich die Psychoregale in den Buchhandlungen von Ratgebern irgendwelcher höchst spezieller Psychoexperten,

63

denn natürlich hat jeder verflixt noch mal gewisse Probleme im Alltag, und da verspricht der Buchtitel endlich ultimative Hilfe.

c) Coachen, bis der Arzt kommt

Die besonders geschäftstüchtige Sorte produziert dann gleich selber ihre eigene Problem-Lösungswelt. Das beste Beispiel sind sogenannte Personalberater, die Personalchefs »coachen« – so heißt das kompetent klingende Fremdwort –, aber auch Bewerber für Bewerbungsgespräche trainieren. Das ist inzwischen ein riesiger Markt, weil offenbar in einer gefälschten Welt mit Menschen, die bloß noch Rollen spielen, Menschenkenntnis ein rares Gut geworden ist und sich jedenfalls niemand mehr zutraut, hinter den zur Schau gestellten Fassaden die eigentlichen Fähigkeiten eines Menschen zu sehen und zu beurteilen. Das können Personalberater natürlich auch nicht. Stattdessen vermitteln sie aber Sicherheit. Wie sie das machen, ist ein Schelmenstück, aber da das keiner wirklich durchschaut, spielen alle mit, und der Rubel rollt. Das geht dann zum Beispiel so: Man erklärt den Personalchefs auf teuren Fortbildungsveranstaltungen, dass Bewerber, die die Arme verschränken, verklemmte Leute sind, dass Frauen in kurzen Röcken zu sexuellen Übergriffen neigen, dass Leute, die einem ins Wort fallen, Schwierigkeiten mit Vorgesetzten bekommen werden, oder womöglich, dass Bewerber, die beim Sitzen das rechte Bein über das linke schlagen, charakterlich nicht gefestigt sind. Die Personalchefs schreiben das alles wissbegierig mit und vermuten beim Personalberater umso mehr allerhöchste Kompetenz, je absonderlicher und detaillierter die Informationen ausfallen.

Der gleiche Personalberater veranstaltet in der darauffolgenden Woche ein Bewerbertraining, bei dem er für Bewerbungsgespräche aus seiner reichen Erfahrung den dringenden Rat gibt, niemals die Arme zu verschränken, als Frau keine kurzen Röcke zu tragen, dem Personalchef niemals ins Wort zu fallen und jedenfalls unter gar keinen Umständen das rechte Bein über das linke zu schlagen. Macht man sich so etwas klar, wird deutlich, dass die in Deutschland stattfindenden Bewerbungsgespräche inzwischen reine Kunstprodukte sind, deren Produzenten viel dabei verdienen, erwachsene Menschen wider Willen eine Komödie aufführen zu lassen, die vor allem eines vermeidet: dass beide Teile sich wirklich kennenlernen. Das Bewerbungsgespräch wird zur falschen Welt par excellence.

Als ich einer solchen Coacherin sagte, ich würde jeden Bewerber ablehnen, bei dem ich merkte, dass er bei jemandem wie ihr ein solches Training durchlaufen habe, war sie erstaunt. Ich wies darauf hin, dass ich in der vergleichsweise kurzen Zeit, die man für ein Bewerbungsgespräch hat, einen Menschen so weit wie möglich wirklich kennenlernen möchte und verärgert reagiere, wenn ich merke, dass mir da nur etwas vorgespielt wird. Ich finde, dass ein Bewerber seine Macken im Bewerbungsgespräch gar nicht sonderlich verheimlichen sollte, denn spätestens in der Probezeit merke ich das ja dann doch, und eine Kündigung in der Probezeit ist für beide Seiten eine unangenehme Sache.

Am besten fälscht sich ein Bewerber nicht selbst und ist beim Bewerbungsgespräch so, wie er ist, zumindest wie er beruflich ist. Die ganzen pseudopsychologischen Mätzchen sind im Übrigen natürlich Unsinn. Jemand, der mal die Arme verschränkt, hat sich diese Haltung vielleicht von seinem letzten Chef abgeschaut, ihm ist kalt, oder er hat gerade gemerkt, dass er genau an dieser Stelle einen Fleck auf dem Jackett hat, der kurze Rock einer Frau kann auch einfach emanzipiertes Selbstbewusstsein signalisieren und hat nichts mit irgendwelchen lasziven Männerphantasien zu tun, und wenn mir jemand dauernd ins Wort fällt, weil er überströmend gescheit ist und noch nicht genug Lebensweisheit besitzt, um das nicht alle merken zu lassen, dann traue ich mir zu, dass er bei uns lernen kann, wie man etwas bescheidener auftritt. Mir ist so jemand jedenfalls lieber als ein höflicher Dummkopf. Das mit den übereinandergeschlagenen Beinen war ohnehin nur ein Witz, aber ich bin mir leider ziemlich sicher, dass man gläubigen Fortbildungsseminarteilnehmern auch so etwas ohne weiteres unterjubeln könnte, so wie das nicht vorhandene Kaninchen im Psychotherapieseminar.

Gewiss, man mag die ein oder andere Fertigkeit als Personalchef erlernen können, die wesentlichen Fähigkeiten, die man für diesen Job braucht, muss man aber schon mitbringen, und ob man das tut, das müssen diejenigen, die Personalchefs auswählen, beim Bewerbungsgespräch feststellen können.

Das Beratungsgeschäft boomt jedenfalls, »Psychologie« steht dabei hoch im Kurs, und es gibt kaum noch einen Bereich, in dem nicht auf Teufel komm raus gecoacht wird. Was da verkauft wird, ist gar nicht immer falsch, aber sehr häufig einfach nur banal und jedenfalls teuer. Doch bei all dem kostspieligen Ratgebermist, der den Markt überflutet, bleibt die nüchterne Lebensweisheit: Guter Rat ist eigentlich nicht teuer, sondern vor allem selten.

Das Psychologieuniversum ist riesig, und es gibt ganz verschiedene Psychowelten, in die der heilsbegierige Leser eintauchen kann. Da ist die Freudsche Psychoanalyse für den geschichtsbewussten Intellektuellen, die Jungianische Ketzerei für den Liebhaber von Mythen der Völker. Wer zu Minderwertigkeitskomplexen neigt, der wird vielleicht Alfred Adler bevorzugen. Dann gibt es da aber noch all die »ganzheitlichen« Formen, die Gefühl, Kreativität oder körperliche Wohligkeit ansprechen, die Gestalttherapie (lockere Kleidung sinnvoll!), die Bioenergetik (warme Decken mitbringen!), die Urschreitherapie (Schallschutz empfohlen!) und wie sie alle heißen. Die Psychowelt hat für jeden etwas zu bieten. Und um das unmissverständlich zu sagen: All diese Methoden können, von seriösen Therapeuten bei wirklich kranken Menschen angewendet, gute Wirkungen haben.

Doch wenn die Menschen im Glauben gelassen oder sogar bestärkt werden, diese Therapiemethode sei wahr und führe zum Eigentlichen des Lebens, dann ist das nichts anderes als Scharlatanerie, nicht selten lukrative Scharlatanerie, versteht sich, und die Menschen werden für teures Geld um ihr eigentliches Leben betrogen, indem ihnen die jeweilige Therapiemethode als Heile-Welt-Szenario vorgespielt wird. Das kann buchstäblich bis zur Abhängigkeit führen, ja bis hin zu gefährlichen Psychosekten mit einer völlig abgeschlossenen Pseudowelt. Zwar heißt das Zauberwort der Psycho-Heilslehren auch mal gerne Selbstverwirklichung, doch genau genommen wird da dann in der Regel das eigene unverwechselbare Selbst der angeblichen Wahrheit der Lehre geopfert.

Geschäftstüchtigkeit spielt freilich beileibe nicht in allen oder auch nur in den meisten Fällen eine Rolle. Manche Therapeuten haben die wissenschaftliche Eigenart ihrer Therapiemethode nicht begriffen und glauben selbst daran wie an eine Heilslehre. Sie haben dann im Grunde gar keine Freizeit mehr, denn sie »diagnostizieren« und

»therapieren« fröhlich auch in ihrem Privatleben herum, bis sie irgendwann merken, dass sie keine Freunde mehr haben. Denn so etwas lassen vernünftige Menschen ungefragt völlig zu Recht normalerweise nicht mit sich machen. Dass niemand die ideale psychische Ausgeglichenheit, die da immer als Ziel versprochen wird, wirklich auf Dauer erreichen kann, wird übrigens immer gerne verschwiegen. Es sind gefälschte Welten, in die die erlösungsbegierigen Kunden da geschäftstüchtig eingeladen werden oder in die sich der Therapeut sogar selber verstrickt.

Neuerdings gibt es noch eine andere Variante der bestsellerträchtigen Reduktion der vielfältigen Welt auf »nichts anderes als« irgendetwas. Und so haben wir jetzt nicht bloß Leute, die behaupten, die äußere Welt, das sei letztlich »nichts anderes als« Wellen und Elementarteilchen, und andere Leute, die verkünden, die innere Welt, das sei letztlich »nichts anderes als« unverarbeitete Kindheitserlebnisse, sondern da gibt es jetzt auch noch die sogenannten Hirnforscher, die behaupten, die ganze Psychowelt, das sei letztlich »nichts anderes als« Neurotransmitteraktionen. Das klingt ohnehin für viele schon ziemlich unverständlich, und so etwas gilt ja bekanntlich in Deutschland als ein Hinweis auf robuste Wissenschaftlichkeit. Eigentlich ist das Ganze aber ziemlich einfach.

Das Gehirn ist ein Organ, und schon seit langem wissen wir, dass wir mit dem Gehirn denken und eben nicht mit dem Bauch oder den Geschlechtsorganen. Nun lässt sich jedem Gedanken, jedem Gefühl, jedem Willensakt natürlich irgendeine Gehirnaktion zuordnen, und welche das ist, kann man heute naturgemäß immer genauer darstellen. Auf diese Weise konnte die Hirnforschung wichtige Erkenntnisse gewinnen, die man auch therapeutisch nutzt.

Diese biologische Perspektive ist interessant, aber beileibe nicht die einzige Perspektive, unter der man die menschliche Psyche betrachten kann. Doch manche der weniger seriösen Hirnforscher versuchten einem weniger erleuchteten Publikum spektakulär klarzumachen, ihre Welt der Neurotransmitter und aktivierten Hirnareale sei das einzig Wahre, alles andere sei letztlich ohne Bedeutung. Goethes Faust, der ersehnt, »dass ich erkenne, was die Welt im Innersten zusammenhält, schau alle Wirkenskraft und Samen und tu nicht mehr in Worten kramen« – hätten diese wackeren Hirnforscher wohl fröhlich ein paar gut aufgelegte Neurotransmitter serviert. Liebe, Gut und Böse, Gott, all das seien »nichts anderes als« Neurotransmitterphänomene, verkünden solche Hirnforscher pathetisch. Die gebe es gar nicht wirklich. Gagarin lässt grüßen.

Doch die Welt, die sie da vorführen, ist eine naive oder dreiste Fälschung. Obwohl der Hirnforschungshype mit der unwiderstehlichen Mischung aus simplen und unverständlichen Ergebnissen Furore machte, sind seine Einseitigkeiten erkenntnistheoretisch eigentlich leicht zu durchschauen. Selbst der hartgesottenste Hirnforscher wird seiner Freundin wohl nicht erklären wollen, dass er sie nicht liebt, sondern dass seine derzeitigen Gefühle ehrlich gesagt nichts anderes als die Aktivitäten eines bestimmten Hirnareals seien, und die Forschungen, wie lange diese Aktivitäten in gleicher Intensität anhielten, seien leider noch nicht so weit gediehen, dass er sich entschließen könne, zu heiraten. Trotzdem wird gerade die Liebe immer wieder zum scheinbar gläsernen Gefühl. Jede Wissenschaft hat wohl schon einmal versucht, ihre Alleinzuständigkeit für die Liebe zu reklamieren. Liebe sei »nichts

69

anderes als« Hormonreaktionen, als Neurotransmitter-
aktivitäten, als die Suche nach der verlorenen Mutter, als
ein Mittel, um die Evolution weiterzubringen. Dabei ist
das alles Unsinn. Wahre Liebe ist vor allem etwas Existenzielles. Liebe ist Liebe, und jeder Mensch hat wenigstens eine Ahnung davon, was damit gemeint ist.

»Ich mache eine Sendung über Burnout und wollte Sie
fragen, ob ich Sie dazu interviewen kann.« Der Hörfunk-
Redakteur eines renommierten Senders klang ziemlich
geschäftsmäßig.

Irgendwie war ich an diesem Tag gut drauf und antwortete fröhlich: »Aber Burnout gibt es doch gar nicht!«

Nach einer Schrecksekunde hörte ich am anderen
Ende: »Bin ich da wirklich in der Psychiatrie bei Herrn
Dr. Lütz?«

Ich bestätigte ihm gerne, dass er an der richtigen Adres-
se sei, und erklärte dann ganz ernsthaft, dass die ICD-10,
die derzeitig gültige Klassifikation aller Krankheiten
durch die Weltgesundheitsorganisation, Burnout als
Krankheit nicht vorsehe, sie komme nur im Kapitel über
belastende Lebensumstände vor, da gebe es neben Burnout zum Beispiel auch den Krach mit der Nachbarin.

Der Redakteur ließ nicht locker. Er habe sich jetzt sehr
gut informiert und es sei doch unbezweifelbar, dass die
Erreichbarkeit der Menschen rund um die Uhr über
E-Mails, Handys etc. heute ein besonderes Problem dar-
stelle. Ich antwortete: »Im Dreißigjährigen Krieg waren
die Menschen in Deutschland rund um die Uhr durch die
Schweden erreichbar, das war unangenehmer. Im neun-
zehnten Jahrhundert gab es drückende Armut und Kin-
derarbeit, im zwanzigsten Jahrhundert zwei schreckliche
Weltkriege. Der Mensch musste sich schon immer mit
vielen Belastungen herumschlagen.« Im Nachhinein habe

ich es bedauert, dass ich da wohl etwas zu forsch war, denn der Redakteur hatte offensichtlich nur wenig Humor. Zum Interview kam es dann nicht, wahrscheinlich weil ich so gar nicht ins Konzept passte.

Sobald der Ausdruck »Burnout« fällt, ist nämlich sofort Betroffenheit im Raum. Neun Millionen »Burnout-Kranke«, behauptet eine von allen guten Geistern verlassene Krankenkasse, gebe es in Deutschland. In Wirklichkeit gibt es natürlich keinen einzigen Burnout-*Kranken*, weil Burnout ja gar keine Krankheit ist. Mit anderen Worten, allein wegen »Burnout« kann niemand zu Lasten der Krankenkasse behandelt werden. Was zum Teufel also steckt hinter diesem Hype?

Das Burnout-Syndrom ist ein Mischmasch an Beeinträchtigungen, die mehr oder weniger jeder mal hat. Das reicht von Schlaflosigkeit bis zur völligen Überforderung, von psychosomatischen Symptomen bis zur tiefen Niedergeschlagenheit. Die Beschreibung ist aber so schwammig, dass von vagen Befindlichkeitsstörungen bis zur schweren Depression alles darunter verstanden werden kann. Was früher im Studium bei Kommilitonen, die nicht genug gelernt hatten, auf der Krankschreibung durch den verständnisvollen Hausarzt mal gerne »psychovegetatives Erschöpfungssyndrom« hieß, läuft jetzt unter dem respektgebietenden Allerweltslabel »Burnout«. Aber auch Menschen, die sich nicht getraut hätten, öffentlich eine »Depression« einzugestehen, tun sich offenbar leichter mit »Burnout«, und da hat das Wort sogar etwas Gutes, denn es klingt nicht so sehr nach passivem Opfer, sondern nach einem wahnsinnig aktiven Menschen, der zeitweilig zu viel »geburnt« hat und eben jetzt ausgebrannt ist. Andererseits geht der Zeiger der Schuld hier eher nach außen, auf den menschenschindenden Arbeitgeber oder andere böse Leute. Das wirkt entlastend und kann ja sogar im einen oder anderen Fall zutreffen, doch häufig lenkt es in der Psychotherapie ab von den eigenen Anteilen an der Überforderung und von der Notwendigkeit für Änderungen an der eigenen Lebensorganisation.

Burnout ist nichts wirklich Neues. Es ist ein neues Wort für ein altes Phänomen. Ende des 19. Jahrhunderts litt alle Welt unter »Neurasthenie«. Das war eine allgemeine Erschöpfung und Überreizung und klang damals auch sehr interessant. In den sechziger und siebziger Jahren war »Depression« noch durchaus ein positives Wort. Doch wie fast alle psychiatrischen Begriffe mit der Zeit zu Schimpfwörtern oder Schmuddelbegriffen verkommen, geschah es auch der Depression, so dass nun eben »Burnout« angesagt ist.

Das Schlimmste an »Burnout« ist aber nicht bloß das völlig Diffuse dieses Wortes, das Schlimmste sind die selbsternannten Burnout-Experten. Einem solchen begegnete ich vor einer Fernsehsendung, in der er aus Anlass eines prominenten Burnout-Outings das Übliche sagen sollte. Kleinlaut ließ er mich wissen, dass er gar kein wirklicher Psychoexperte sei, sondern Allgemeinmediziner, der jetzt eine Burnout-Privatklinik in der Schweiz leite. Mir schwante nichts Gutes. Was er aber dann in der Sendung zum Besten gab, war unglaublich. Mit routinierter Rhetorik verkündete er, dass die angeblich neun Millionen »Burnout-Kranken« alle zum Fachmann müssten, sonst könnte sich aus dem Burnout sogar eine Depression entwickeln, die man, wenn überhaupt, mit pflanzlichen Produkten, aber letztlich eigentlich überhaupt nicht mehr behandeln könne. Das hatte wissenschaftlich etwa das Niveau, als wenn ein Physiker in einer Talkshow erklären würde, die Erde sei eine Scheibe. Nichts davon stimmte.

Vor allem ist die Depression heute eine gut behandelbare Erkrankung, fast alle Depressiven werden gesund. Solche unverantwortlichen Burnout-Experten sorgen dafür, dass kerngesunde Menschen, die sich völlig überfordert haben, jetzt denken, sie seien in Wirklichkeit krank, und deshalb Therapieplätze belegen, die dringend für wirklich kranke Patienten benötigt werden. Im Übrigen kann die intensive Suggestion, krank zu sein, zu wirklichen psychischen Krankheiten führen.

Gewöhnlich sind die Ratschläge solcher Burnout-Experten, wenn sie nicht völlig falsch sind, zumindest von hochtrabender Banalität. Wenn jemand sechzehn Stunden am Tag schuftet, auch am Sonntag durcharbeitet und sich dabei erstaunlicherweise nicht wohl fühlt, dann warten diese Experten mit dem unglaublich guten Ratschlag auf, dass der mal kürzertreten, weniger pro Tag arbeiten und unbedingt einen Ruhetag in der Woche einhalten sollte. Das hätte ihm allerdings auch meine Großmutter geraten – und sie hätte damit übrigens völlig recht gehabt.

Es stimmt schon, dass viele Menschen heute mit dem Leben nicht mehr zurechtkommen. Beruflich lassen sie sich so weit befördern, bis sie auf einem Posten landen, für den sie völlig inkompetent sind. Ein Versicherungsvertreter, der einen hervorragenden Kontakt mit den Kunden hat und unglaublich viele Verträge hereinholt, wird zum Abteilungsleiter in der Zentrale befördert. Da hat er keinen Kundenkontakt mehr und muss Leitungsfähigkeiten beweisen – die er aber nun mal nicht hat. Daher wird er dann auf Schulungskurse geschickt. Doch jeder weiß, dass bestimmte Fähigkeiten gar nicht erlernt werden können, sondern entweder vorhanden sind oder nicht. Das alles frustriert und überfordert so jemanden natürlich. Er hat ein höheres Gehalt, ist aber ein unglücklicherer Mensch. In so einem Fall hat man früher gesagt: »Schuster bleib bei deinen Leisten!« Und das trifft manchmal auch heute zu. Nicht dass der Aufstieg immer gefährlich ist, denn es gibt Menschen, die erst in der Abteilungsleitertätigkeit zu richtiger Form auflaufen. Jeder Mensch ist eben anders. Doch wie die Lektüre psychologischer Bücher manchen Leser unglücklich macht, in denen der angeblich hochkompetente Autor allen Lesern ein Ideal vorgaukelt, das nur für ganz wenige erreichbar und daher vielleicht empfehlenswert sein mag, so ist auch der selbstgemachte Druck, Dinge leisten zu wollen, die man nun einmal nicht leisten kann, eine Anleitung zum Unglücklichsein. Das gilt nicht bloß für Berufsentscheidungen, sondern für alle existenziellen Entschlüsse, wie zum Beispiel auch für Beziehungsentscheidungen, die stets höchstpersönlich sind und bei denen man sich besser bei einem lebensweisen Freund Rat holen sollte als bei einem jungen gut ausgebildeten Psychotherapeuten, der noch nie den Beruf gewechselt hat und dessen eigene Partnerschaft sich in einer rätselhaften Dauerkrise befindet.

Existenzielle Krisen können erheblich belastender sein als eine krankhafte psychische Störung. Wenn eine Frau von ihrem Partner verlassen wird, dann kann sie das in tiefe Verzweiflung stürzen. Doch das ist nicht krank, sondern völlig normal – es sei denn vielleicht, der Mann war ein wirklicher Kotzbrocken. Die eilfertige Pathologisierung des Lebens ist eine Fälschung der Welt, in der wir leben und in der sich jeden Tag irgendwo furchtbare veritable Tragödien zutragen. Das alles in psychologisches Wohlgefallen aufzulösen wäre im Übrigen auch das Ende der Literatur. Dann hätte man womöglich Antigones Tragödie verhindert, indem man ihr ein paar Antidepressiva verabreicht hätte.

Wahrscheinlich könnte manch ein guter Romanautor in existenziellen Lebenskrisen besseren Rat geben als ein nur an kranken Fällen geschulter Psychotherapeut. Und sogar für gute Psychotherapie kann es empfehlenswert sein, sich nützliche Ideen nicht bloß von irgendwelchen »Psychos« zu holen, die vielleicht manchmal zu sehr auf Krankhaftes schauen und nicht daran gewöhnt sind, die Fähigkeiten von jemandem in den Blick zu nehmen und intelligente Auswege aus Sackgassen zu suchen. Paul Watzlawick meint, empfehlenswerte Ratgeber seien da »Barmänner, spontan remittierte Neurotiker, Vertreter, Ladendetektive, Finanzberater, Lehrer, Bewährungshelfer, Linienpiloten, Polizisten mit einem Talent für die Entschärfung brisanter Situationen, einige eher charmante Gauner, erfolglose Selbstmörder«. Und als Steve de Shazer, der faszinierende Verfechter eines konsequent lösungsorientierten Ansatzes, gefragt wurde, wie man seine Methode am besten lernen könne, antwortete er grinsend: »Erst mal drei Jahre keinerlei Kontakt mit Psychoexperten. In dieser Zeit am besten ein Praktikum bei einem Gärtner, Gärtner wissen, wie etwas wächst, und vielleicht auch bei einem Barkeeper, so jemand hat Menschenkenntnis. Und dann kommen Sie zu mir ...«

Eines Tages fragte ich ihn, den großen Künstler der kooperativen Wertschätzung des Patienten und der wohlformulierten therapeutischen Komplimente, wie er seiner Frau, der Therapeutin Insoo Kim Berg, noch echte Wertschätzung und Liebe zeigen könne. Er überlegte ganz kurz, und dann sagte er lächelnd: »Nichts sagen, sie liebevoll anschauen und ihr einen Blumenstrauß schenken.«

Nicht all die psychologischen Kunstwelten sind die wahre Welt, es sind bloß mehr oder weniger nützliche Fälschungen, die manche Menschen mit dem wahren Leben verwechseln. Die Welt da draußen ist die eigentliche Welt, in die wir geboren werden, in der wir existenzielle Erfahrungen machen, Erfahrungen von Glück und Verzweiflung, Enttäuschung und Liebe, Sehnsucht und Erfüllung, und in der wir alle irgendwann sterben, jeder für sich.

3.

Agenturen des Irrtums –
Glanz und Elend der Medien oder
ein Hauch von Welt

Die »Truman-Show« ist das totale Medienereignis. Alles dort ist künstlich, und alle sind zugeschaltet. Nichts ist echt, noch nicht mal der Sonnenaufgang und der Sonnenuntergang. Doch die inszenierten Ereignisse im Leben des Truman Burbank sind für die Zuschauer offensichtlich realer und wichtiger als die wirklichen Ereignisse im eigenen Leben und der reale Mensch, der zufällig gerade neben ihnen sitzt. Es ist erst der gemeinsame Blick in die »Truman-Show« auf dem Fernsehschirm, der Gemeinschaft zwischen den zuschauenden Menschen herstellt. Und auf diese Weise fiebern alle, wirklich alle, rund um den Erdball, Tag für Tag mit Truman Burbank mit. Die »Truman-Show« erreicht es, dass sich alle mit allen dauerhaft verbunden fühlen. Mehr Medienerfolg geht nicht. Doch im Kern sind diese Inszenierung und ihre Folgen menschenverachtend, denn sie nehmen Truman Burbank, aber auch seinen Mitspielern und Zuschauern, das eigene Leben und die wirkliche Welt.

a) Die Kiste, die die Welt bedeutet

Gewiss, die »Truman-Show« treibt die Sache auf die Spitze. Doch ist es nicht heute bereits so, dass die Mitspieler bei der Soap-Opera im Fernsehen, etwa die Bewohner der

»Lindenstraße« für manche Dauerzuschauer mehr Realität haben als die wirklichen eigenen Angehörigen und die wirklichen Nachbarn? Die Leute aus dem Fernsehen gehören sozusagen zur eigenen Familie, sie bewohnen das eigene Leben und sind Adressaten aller Wünsche und Sehnsüchte. Manch einer fiebert den ganzen Tag über »seiner« Serie entgegen. Termine mit realen Menschen zu diesen Zeiten sind völlig ausgeschlossen, und er ist noch lange nach der Sendung wirklich traurig, wenn seiner Lieblingsakteurin in der heutigen Folge etwas Schreckliches zugestoßen ist. Und so ist psychologisch die Welt, in der viele Menschen leben, vor allem die Fernsehwelt.

Natürlich sind Soap-Operas billige und eigentlich harmlose Fälschungen der Realität, und wer so etwas nur gelegentlich zur Unterhaltung sieht, wird gewiss keinen Schaden nehmen. Doch man unterschätze nicht die starke Wirkung des Fernsehens. Die Wissenschaftswelt und die Psychowelt, von denen schon die Rede war, haben sicher großen Einfluss auf unsere Wahrnehmung der Wirklichkeit, doch beide Welten kann man weder sehen noch hören.

Die Fernsehwelt aber sieht und hört man buchstäblich, sie ist eine Welt mit allen Details, die nach landläufiger Auffassung zu einer Welt gehören, und das gibt ihr viel mehr Realitätsmacht. Wissenschaftliche Erkenntnisse kann man bezweifeln, psychologischen Deutungen mag man sich entziehen, aber eine Meldung in der Tagesschau hat die Aura unbezweifelbarer Realität.

Schon bevor das Fernsehen die Macht übernahm, hat die legendäre Radiosendung »Krieg der Welten« von Orson Welles gezeigt, dass Menschen beunruhigend schnell bereit sind, alles, was in solchen Medien berichtet wird, für bare Münze zu nehmen. Orson Welles hatte am 30. Oktober 1938 eine dramatische Radiogeschichte über die Landung von Außerirdischen in den USA gemacht, und obwohl in regelmäßigen Abständen immer wieder die Ansage kam, das sei bloß ein Hörspiel, das sei nicht real, erzählte man sich, dass viele Amerikaner an der Ostküste panikartig die Städte verlassen hätten, um Schutz zu suchen. Diese Geschichte hat den jungen Orson Welles mit einem Schlag berühmt gemacht. Aber sie zeigte bereits warnend, wie enorm beeinflussbar und manipulierbar Menschen durch solche Medien sind, so dass sie am Ende gar nicht mehr wissen, ob sie eigentlich im falschen oder im richtigen Film leben.

Das deutsche Fernsehen landete einen vergleichbaren, aber ungleich beunruhigenderen Coup, als in der Sendung »Das Millionenspiel«, die am 18. Oktober 1970 ausgestrahlt wurde, ein Mensch scheinbar buchstäblich um sein Leben spielte. Die fiktive Geschichte zeigte einen Kandidaten, der, um eine Million Mark zu gewinnen, sich von einer veritablen Mörderbande verfolgen ließ, sein Leben aufs Spiel setzte und – angeschossen – die Million gewann. Es war kaum zu glauben, dass auch diese menschenverachtende Fiktion, weil sie ja im Fernsehen – nach der Tagesschau – kam, von vielen ohne weiteres für wahr gehalten wurde.

Ähnlich erging es dem holländischen Fernsehen, das in einer Sendung zur Förderung von Organspenden Menschen vor laufender Kamera um ein Spenderorgan wetteifern ließ. Der Gewinner sollte das Organ bekommen. Erst nach der Sendung teilte man mit, dass das Ganze »natürlich« bloß fiktiv gewesen sei, nie habe man so etwas Menschenverachtendes im Ernst vorgehabt. Erschreckend blieb, dass Zuschauer dennoch ganz selbstverständlich davon ausgegangen waren, dass das alles schon seine Richtigkeit haben musste.

Amüsant war dagegen ein amerikanischer »Dokumentarfilm«, der mit der Enthüllung aufwartete, die Mondlandung 1969 habe in Wahrheit gar nicht stattgefunden und die amerikanische Regierung habe unter strengster Geheimhaltung den bekannten Regisseur Stanley Kubrick gebeten, das Ganze im Studio zu inszenieren. Dieser »Dokumentarfilm« war clever gemacht, man interviewte Henry Kissinger und andere Größen der amerikanischen Politik, und alle machten bei diesem Gag mit. Der Film ließ den Zuschauer am Ende irritiert zurück. Erst im Abspann wurde alles aufgeklärt.

Die Frage in all diesen Fällen war: Ist das jetzt wirklich wahr oder ist es in Wahrheit gefälscht. Die fiktive Welt und die reale Welt waren für viele Menschen nicht mehr voneinander zu unterscheiden. Am 11. September 2001 stellte sich für nicht wenige Menschen auf der ganzen Welt, die auf ihrem Bildschirm die brennenden Twin-Towers in New York sahen, wenigstens im ersten Moment dieselbe Frage: Ist das Fiktion oder Realität? Hier war nicht die Fiktion für die Realität gehalten worden, sondern umgekehrt, die schreckliche Realität wirkte für Momente unwirklich nach dem Motto: Das darf doch nicht wahr sein! Aber trotz all solcher zeitweiliger Verunsicherungen haben die meisten den unerschütterlichen Eindruck: Was im Fernsehen vorkommt, das gibt es wirklich, und was da nicht vorkommt, kann nicht wirklich von Bedeutung sein.

Wohl deswegen wollen heute immer noch so viele Menschen unbedingt irgendwie im Fernsehen auftreten, als gelte der Satz: Ich bin im Fernsehen, also bin ich! »Du bist im Fernsehen, und die ganze Welt ist live dabei«, sagt am Schluss der »Truman-Show« der Regisseur in anfeuerndem Ton zu Truman.

Doch das ist ein Irrtum. Diese Welt ist eine Fälschung. Wer im Fernsehen vorkommt, kommt da gar nicht als er selber vor. Er spielt, ob als Moderator, als Talk-Gast oder selbst als Zuschauer bloß eine Rolle. Kaum jemanden scheint es zu stören, dass inzwischen jeder weiß, dass sogar der Beifall des Studiopublikums gefälscht ist. Die Leute werden vorher, beim sogenannten Warming-up, dazu angehalten, an bestimmten Stellen hemmungslos zu klatschen, zum Beispiel, wenn der Moderator, der zu diesem Zeitpunkt noch gar nichts Beklatschenswertes geleistet hat, das Studio betritt. Und wenn in einer Sendung lange nicht geklatscht worden ist, dann gibt es da jemanden, der dafür bezahlt wird, einfach loszuklatschen – und alle klatschen mit. Niemand scheint darüber nachzudenken, dass so etwas natürlich jeden Beifall während solcher Sendungen völlig entwertet.

Nichts ist echt in dieser höchst professionell gefälschten Welt. Besondere Fälschungen sind die sogenannten »Reality-Shows«. Die behaupten zwar vorlaut, die Realität abzubilden, doch in Wahrheit sind sie um nichts realer als die »Truman-Show«. Die angeblich naturbelassene Realität, die da abgefilmt wird, ist eine Realität vor der Kamera und damit immer eine künstliche Wirklichkeit. Und so kommt im Fernsehen gerade die für jeden Menschen entscheidende, nämlich die existenzielle Welt, überhaupt nicht vor:

Echte Liebe kommt im Fernsehen nicht vor. Nun wird man sagen, dass es doch immerhin viele Liebesfilme im Fernsehen gebe. Doch wird da Liebe immer nur gespielt. Gewiss, man kann sich gefühlsmäßig hineinversetzen und sich sogar scheinbar in eine Fernsehgestalt verlieben. Doch diese Gestalt gibt es so ja gar nicht wirklich, sondern sie ist eine Kunstfigur und selbst wenn die Schauspielerin anschließend noch interviewt wird, ist sie das auch nicht wirklich selbst, sondern sie spielt da die Rolle: Ich privat. Weder kennt der Mensch, der im Fernsehen zu sehen ist, den Zuschauer so, dass er sich in diesen Zuschauer wirklich verlieben könnte, noch umgekehrt. Liebe findet im Fernsehen also in Wahrheit nicht statt. Sexszenen in Filmen zeigen übrigens niemals Sex innerhalb einer Ehe oder einer sonstigen stabilen Beziehung, sie dauern stets circa drei Minuten, und es klappt immer, es sei denn, es handelt sich um einen unverkäuflichen Problemfilm. Wenn das die wahre Welt darstellte, wäre die Zukunft der Menschheit rein biologisch definitiv am Ende. Filme fälschen die Welt. In der wirklichen Welt findet man ja auch nicht sofort einen Parkplatz direkt vor dem Restaurant und lässt das Auto dann unabgeschlossen stehen. Im Film tut das jeder.

Auch das Böse und das Gute sind im Fernsehen nicht echt. Es ist ein merkwürdiges Phänomen, dass in den vergangenen Jahren sogenannte TV-Gerichtsshows Hochkonjunktur haben. Da bemüht sich dann eine echte Richterin bei einer wirr zusammenphantasierten Kriminalgeschichte um die Wahrheitsfindung. An diesen Shows ist buchstäblich alles falsch, die Angeklagten und die Ankläger, die Zeugen und das Publikum und letztlich auch die Richterin selbst, die zwar tatsächlich von Beruf Richterin ist, aber hier bloß bei einem ziemlich peinlichen Mummenschanz richterliche Weisheit mimt.

In einer Welt, in der vielen Menschen selbst offensichtlich immer weniger klar ist, was eigentlich gut und was böse ist, gibt ein Richter, ein veritabler muss das schon sein, ein Gefühl von Sicherheit, wenigstens von Rechtssicherheit. Auch die Krimi-Flut hat offenbar mit der Faszination für dieses Thema zu tun, wobei Fernsehkrimis heutzutage dadurch zur Verunsicherung beitragen, dass sie nicht wie früher eindeutig das Gute und das Böse und den Guten und den Bösen markieren, sondern es gehört zum guten Ton für deutsche Krimi-Drehbuchschreiber, den Bösen ein bisschen sympathisch – schwere Kindheit mindestens – und den Guten wenigstens widerlich rechthaberisch darzustellen.

Doch in Wirklichkeit sind das alles ja bloß künstliche Inszenierungen. Das Gute und das Böse kommen in Spielfilmen gut gespielt vor, in Dokumentarfilmen gut dokumentiert und neuerdings in TV-Gerichtsshows spektakelhaft dramatisiert. Das Gute wird in Charity-Shows inszeniert, bei denen mitunter selbstverliebte Narzissten sich mit Hilfe des allgemeinen Voyeurismus auf Kosten der Ärmsten der Armen selber feiern, das Böse wird bei Fernsehverbrecherjagden ins Scheinwerferlicht gezerrt. Doch das wirklich Gute und das wirklich Böse kommen im Fernsehen überhaupt nicht vor. Jeder, der mal einem wirklichen Heiligen und einem wirklichen Verbrecher persönlich begegnet ist, kennt den Unterschied. Im Fernsehen begegnet man niemals guten oder bösen Menschen selbst.

Und auch Gott kommt übrigens im Fernsehen nicht vor. Gewiss gibt es da höchst spezielle Nischen, in denen die christlichen Kirchen höchst spezielle Angebote machen. Es gibt Fernsehgottesdienste, das sprichwörtliche Wort zum Sonntag und irgendwelche stark auf Nachdenklichkeit gebürsteten Sendungen, Reservate des lieben Gottes, die wie fremde Räume, um nicht zu sagen wie Friedhöfe, in den bunten Medienzirkus hineinragen. Und je »mediengerechter« die Medienberater der Kirchen diese Sendungen aufhübschen, umso mehr ähneln sie den sonstigen Kunstprodukten, die die Flimmerkiste zu bieten hat.

Sie sind nicht selten von dem Kalkül getragen, was man denn wohl dem durchschnittlichen Fernsehzuschauer zumuten könne. Das Ergebnis ist der durch und durch harmlose liebe Gott fürs bürgerliche Wohnzimmer, der zahnlose Gott für alle Fälle, der für das Gute und gegen das Böse ist, für den Frieden und gegen den Krieg, ziemlich sicher auch für den Umweltschutz und gegen Atomkraftwerke, der aber dennoch alles irgendwie Missglückte natürlich total nett versteht und komplett verzeiht, ein heruntergekommener Gott also, vor dem niemand wirklich Ehrfurcht haben kann und gegen den auch niemand mit Verve rebellieren würde. Solche Fernsehadaptionen lassen nicht einmal mehr so etwas wie eine Ahnung oder eine Sehnsucht nach dem wahren Gott aufkommen, nach dem allmächtigen Schöpfer der ganzen Welt, nach dem liebevollen und gnädigen Erlöser der Menschen, dem ultimativen Richter über Gute und Böse. Ein solcher lebendiger Gott sprengt die banale Mattscheibe, auf die man auch ihn zu bannen versucht. Gott, der wirkliche Gott, wenn es ihn denn gibt, kann im Fernsehen gar nicht vorkommen.

Erst also wenn man das Fernsehen ausgeschaltet hat, kann man sich vielleicht eine Stunde später in einen realen Menschen verlieben, kann man eine gute oder eine böse Tat wirklich tun oder erleben oder sogar zu Gott finden.

Weil die existenziellen Erlebnisse im Fernsehen nicht vorkommen, aber das Fernsehen für viele als die eigentliche Wirklichkeit erscheint, wirken existenzielle Erlebnisse, wenn man sie im wirklichen Leben tatsächlich erlebt, manchmal dann irgendwie unwirklich.

Kann ich dem treuherzigen Augenaufschlag dieser Frau wirklich trauen, der doch so ungelenk ist und eben gar nicht so wie im Film? Ist der Mensch, der da so gütig mit mir redet, wirklich gut und nicht auch so ein abgefeimter Betrüger, wie man sie in zahlreichen Krimis immer wieder sieht? Und Gott, den kann es offensichtlich allein deswegen schon nicht wirklich geben, weil der im Fernsehen noch nie einen Auftritt hatte außer in albernen Satiren als bemitleidenswerte bärtige Witzfigur. Dennoch ist es in Wahrheit genau umgekehrt. Nicht die reale Liebe und die reale Güte eines Menschen oder die Existenz Gottes müssen sich vor der irrealen Fernsehwelt rechtfertigen, das Fernsehen muss sich rechtfertigen, ob es die Menschen am wirklichen Leben hindert oder ob es ihnen wenigstens Durchblicke und Ausblicke zum eigentlichen Leben ermöglicht. Nicht Fernsehereignisse sind es, die ein Leben wirklich prägen, sondern die existenziellen Erlebnisse. Sie sind es, die diesem einmaligen Leben eines einmaligen Menschen in einer einmaligen Zeit seinen Wert, seinen besonderen Geschmack und seine Faszination verleihen. Eine Fernsehdarbietung kann das nie. Die schleichende Machtübernahme des Fernsehens und mancher anderer Medien über unser wirkliches Leben prägt unsere Gesellschaft mehr, als wir merken, und, wenn wir es dann doch merken, mehr, als uns lieb sein kann.

Der Philosoph Martin Buber hat gesagt, dass die erste Erfahrung im Leben nicht das Ich ist, sondern die Begegnung mit einem Du. In den Augen dieses anderen Menschen erkennen wir, wer wir selbst sind. Doch die Augen des Fernsehens sind tot. Niemand, der uns im Fernsehen gegenübertritt, nimmt uns wirklich wahr. Wenn Buber recht hat, dann würde jemand, der nur noch Fernsehbekanntschaften hat, mit der Zeit ganz vergessen, wer er selbst wirklich ist, weil ihn niemand mehr wirklich anschaut.

Müssen wir uns also vom Fernsehen befreien? Wäre es ein heroischer Akt der Emanzipation in letzter Minute, all diese Medien, all diese Produzenten des Scheins in einer beispiellosen Kampagne vom Erdboden zu vertilgen? Natürlich nicht. Medien sind Vermittler zwischen uns und der Welt. Und ohne Medien könnten wir gar nicht leben. Spätestens seit Erfindung der Schrift und im Grunde schon bei der ersten Überbringung einer mündlichen Nachricht haben wir es mit Medien zu tun. Pauschale Medienschelte ist daher genau so unsinnig wie ein Protest gegen Lesen und Schreiben.

Aber machen Sie doch mal ein Experiment! Stellen Sie sich für einen Moment vor, Sie müssten morgen mit absoluter Sicherheit sterben. – Würden Sie dann wirklich heute Fernsehen schauen? Würden Sie nicht sofort die Kiste ausmachen und sich fragen, was Sie Sinnvolles mit der kostbaren unwiederholbaren Zeit anstellen könnten, die Ihnen da noch bleibt? Vielleicht sprechen Sie noch mit den Menschen, die Ihnen besonders wichtig sind, hören Musik, die Sie immer schon ergriffen hat, beten, wenn Sie religiös sind, vielleicht sogar in der Kirche nebenan. Einen Fernsehgottesdienst werden Sie wahrscheinlich nicht einschalten.

Das, was uns an diesem einen Tag zum entschiedeneren Leben antreiben würde, das Bewusstsein, dass jeder Moment unwiederholbar und kostbar ist, gilt aber, wenn wir es genau bedenken, in Wahrheit für jeden Moment unseres Lebens, weil ja jedem von uns der Tod sicher ist. Doch das Fernsehen fälscht die Zeit. Es suggeriert uns eine unendliche Zeit, und die scheint realer als die wirkliche Zeit, die für jeden von uns bekanntlich endlich ist. Irgendwie gehen wir selbstverständlich davon aus, dass es am Tag nach unserem Tod natürlich abends pünktlich um zwanzig Uhr wieder die Tagesschau geben wird. Dabei ist unser Tod für uns das eigentliche Ereignis, die Tagesschau ist nur ein Kunstprodukt. Die Tagesschau am Tag nach meinem Tod existiert für mich nicht. Sie ist in Wirklichkeit weiter von mir weg als die entfernteste Galaxie im Weltall.

Disneyfiguren sterben nie. Das ist das Beruhigende an ihnen. Und weil man das genau weiß, genießt man die rabiaten Verfolgungsjagden mit heiterem Amüsement. Denn man kann sicher sein, dass Goofy nach einem Sturz aus schwindelnder Höhe zwar kurzzeitig etwas benebelt ist, aber natürlich wieder aufsteht und nun seinerseits Micky Maus derart auf den Schädel haut, dass so etwas niemand gesund überlebt hätte, außer eben Micky Maus. Der Ernst des Lebens kommt in der Kunstwelt der Unterhaltung aus guten Gründen nicht wirklich vor.

Nur ganz selten bricht die reale Welt plötzlich ins Fernsehen ein. Am 4. Dezember 2010 erlitt Samuel Koch bei Thomas Gottschalks Live-Sendung »Wetten dass …?« völlig unerwartet einen fast tödlichen Unfall. Thomas Gottschalk brach die Sendung sofort ab, war auch in der Folgezeit durch dieses existenzielle Ereignis sichtlich persönlich erschüttert, besuchte den wahrscheinlich lebenslang Gelähmten und entschied sich gegen den Rat vieler »Profis« dagegen, die Sendung weiter zu moderieren. Eine höchst erfolgreiche »Kult«-Sendung nicht weiterzumachen war tatsächlich professioneller Wahnsinn, sie weiter zu moderieren, wäre menschlicher Wahnsinn gewesen. Es ist ein gutes Zeichen, dass manche Menschen, die in der künstlichen Welt des Fernsehens eine Rolle spielen, sich bei solchen Gelegenheiten daran erinnern lassen, dass sie keine Kunstprodukte, sondern wirkliche Menschen sind.

In seinem Film »The Purple Rose of Kairo« schildert Woody Allen auf höchst unterhaltsame Weise, wie plötzlich eine Filmfigur, der Abenteurer Baxter, buchstäblich aus dem Film in den Kinosaal hinein aussteigt und sich in die Kellnerin Cecilia verliebt. Daraufhin bemüht sich verwirrenderweise auch der »echte« Schauspieler, Gil Shepherd, um die Liebe von Cecilia, die sich schließlich für diese echte Variante entscheidet, so dass die Filmfigur wieder in die Leinwand zurück entschwindet. Hier weiß man am Ende nicht mehr, welche Welt eigentlich gefälscht ist und ob es überhaupt eine wahre Welt gibt.

Das gekonnte Spiel mit Scheinwelten in der Scheinwelt eines Films kann besonders unheimlich sein. Hitchcock hat diese Kunst meisterhaft beherrscht. Um eine kriminelle Fälschung der Welt geht es auch in dem Klassiker »Der dritte Mann«, in dem die Inszenierung eines Todes, der gar keiner ist, am Ende ein Todesopfer fordert. Das Spannende solcher Filme ist gerade das Hereingezogenwerden in dieses Spiel mit scheinbar wahren und scheinbar falschen Welten. Und dass diese Spannung nicht nachlässt, wenn die Filmwelt ohne jeden Zweifel eine Fälschung ist, zeigt der große Erfolg von Science-Fiction-Filmen. In diesen phantastisch ausgedachten Welten ist überhaupt nichts echt, oft sind sogar die handelnden Personen keine Schauspieler, sondern am Reißbrett entstandene Kunstprodukte.

Man hat behauptet, dass der Konsum von Science-Fiction-Material bei manchen jungen Menschen die jedem Menschen eigene Sehnsucht nach einem Jenseits so sehr befriedige, dass sie sich deswegen für Religion gar nicht mehr interessierten. Was sind schon göttliche Wunder, wenn man Tag für Tag mal eben einen ganzen Planeten über den Jordan gehen lässt. Science-Fiction-Filme ermöglichen die zeitweilige Flucht aus einer mühevollen

Gegenwart in eine phantastische Zukunft. Doch was man da zu sehen bekommt, ist zumeist ein kaltes Jenseits und keine wirkliche Hoffnung, sind siegreiche Roboter und keine lebendigen Menschen, alles in allem ein künstlich fabriziertes buntes Plastikprodukt für dunkle Winterabende, aus dem nichts folgt. Dennoch gehen die Zuschauer, die solche Filme schätzen, dabei gefühlsmäßig genauso mit wie dazumal das Publikum bei einem Molière-Stück.

b) Der eingebildete Kranke stirbt

Freilich können solche Filme niemals etwas bieten, das sich bei einer Theateraufführung ereignen kann: den plötzlichen Einbruch der existenziellen Realität ins künstliche Theater. Als am 17. Februar 1673 der wohl berühmteste französische Komödiendichter, Jean-Baptiste Molière, bei einem seiner erfolgreichsten Stücke, »Der eingebildete Kranke«, noch einmal selbst auf der Bühne stand und die Hauptrolle spielte, da versagten ihm plötzlich die Kräfte, und er starb, der Dichter, der Schauspieler, der Mensch, auf der Bühne. Das Spiel war aus und kurz darauf das Leben auch. »Se non è vero, è ben trovato« sagen die Italiener, wenn es nicht wahr ist, dann ist es gut erfunden. Schlagartig war Molières Publikum kein Publikum mehr, sondern es waren Mitmenschen, die dem Sterben eines der Ihren beiwohnten, und die Bühne war keine Bühne mehr, auf der vorgeschriebene Rollen gespielt wurden, sondern das Sterbezimmer eines einmaligen Menschen. Jeder Mensch hat nur ein Sterbezimmer.

Es kann passieren, dass der Wechsel zwischen der falschen Welt der Bühne und der Realität dem Publikum erst Jahre später zu Bewusstsein kommt. Als Marilyn

Monroe zur Feier des fünfundvierzigsten Geburtstags von John F. Kennedy in einem fleischfarbenen Hauch von Kleid ihr legendäres »Happy Birthday, Mister President« ins Mikrophon hauchte, war den Teilnehmern der Veranstaltung nicht klar, was erst Jahrzehnte später allgemein bekannt wurde, dass nämlich der sexuell offenbar unersättliche US-Präsident in staatsmännischer Pose da mutmaßlich eine höchstpersönliche Liebeserklärung seiner ziemlich zeitweiligen Geliebten entgegengenommen hatte. Dass hier zwei Menschen je auf ihre Weise aus ihrer Rolle gefallen waren, hatte wohl zumindest für Marilyn Monroe durchaus tragische Konsequenzen. Sie nahm sich wenige Monate nach diesem letzten großen öffentlichen Auftritt das Leben.

Das Spiel zwischen Kunst und Realität beherrschten auch die Maler. Als Tizian im Jahre 1545 Papst Paul III. porträtierte, war er längst ein berühmter Mann, der schon viele Herrscher gemalt hatte. Und nur er, der Malerfürst, konnte sich etwas Unerhörtes leisten, was wohl jedem anderen zum Verhängnis geworden wäre. Er hatte sich am Hof des Papstes eine gewisse Zeit aufgehalten und auch des Papstes mächtige Nepoten kennengelernt. Besser wohl, als die es gut finden konnten. Denn als der Malerfürst das langersehnte berühmte Porträt des Farnesepapstes beendet hatte, da konnten alle neben dem misstrauisch schauenden greisen Papst seine beiden Nepoten rechts und links abgebildet sehen, und zwar den einen mit einem so verschlagenen und den anderen mit einem so kühlen Blick, dass man das nur als kaum versteckte Verdächtigung der beiden betrachten konnte. Und tatsächlich, wenig später verrieten diese machtlüsternen Männer ihren päpstlichen Verwandten. Der Papst aber konnte den Anschlag abwehren. Hier weigerte sich der Künstler, durch Schmeichelei zu fälschen, und dadurch zeigte sich die wahre Welt für einen Moment – in der Kunst.

Freilich ist es auch im Umgang mit Kunst wichtig, letztlich dann doch Fiktion und Wirklichkeit auseinanderhalten zu können. Bei klassischen Werken der Weltliteratur wie der 1516 erschienenen »Utopia« des Thomas Morus war das noch leicht, denn da lieferte bereits der Titel den Hinweis auf das Irreale der dort gezeichneten Welt. Solcher Utopien gab es zahlreiche, und sie versuchten, Gefährdungen und Hoffnungen einer Zeit in phantasierten Welten Gestalt werden zu lassen, um Wege zu weisen und vor Sackgassen zu warnen. Sie waren eine Lektüre für kritische Geister, aber niemand wurde dadurch wirklich vom mühevollen Alltag abgelenkt.

Auch die Erzählung »Gullivers Reisen« von Jonathan Swift, die 1726 erschien, war so ein Ausblick in eine phantasierte Welt. Diese konstruierten Welten waren keine Fluchtwelten, sondern im Gegenteil, sie wollten mit der Kraft des Geistes die wirkliche Welt zum Besseren verändern. Und es blieb den Lesern immer klar, was Utopie und was Realität war.

Wenn aber der Unterschied zwischen ausgedachter und wirklicher Welt verschwimmt und wenn man den Versuch macht, solche in Büchern beschriebenen ausgedachten Welten mit Gewalt in die Wirklichkeit umzusetzen, dann kann es passieren, dass sie sich unversehens in die Hölle auf Erden verwandeln. Der real existierende Sozialismus war so eine mit militärischen und geheimdienstlichen Mitteln aufrechterhaltene Fälschung der Welt, einer Welt, die nicht von einer Pappwand begrenzt wurde, wie die Welt des Truman Burbank, sondern von einer Betonmauer in Berlin und von Mauern und Stacheldraht anderswo auf der Welt. Doch diese Fälschung war so plump, dass sie von jedem entlarvt werden konnte.

Und so erzählen gerade Menschen, die in so einem totalitären Regime leben mussten, dass zwar öffentlich alles bis ins Groteske gefälscht war, dass man daneben aber in einer existenziellen echten Welt lebte, mit wirklichen Freunden, mit echtem Vertrauen, mit realen Gefühlen. In dieser echten Welt verliebte man sich, unterschied wirklich gute und wirklich böse Taten und lebte aus einem tiefen Gefühl für den Sinn des Lebens. Die »Wende« hat dann für manche dieser Menschen zwar die gefälschte Welt mit einem Windstoß weggeweht, aber auch die echte Welt durcheinandergewirbelt, die darunter verborgen lag. Und manches an der schwer verständlichen DDR-Nostalgie mag damit zu tun haben, dass die Fälschungen, in denen wir alle heutzutage in Ost und West unvermeidlich leben müssen, weniger plump sind, so dass man sich davon nicht so klar distanzieren kann wie von dem himmelschreienden Unrechtsregime der Bonzen. Wenn aber nicht mehr klar ist, was falsch ist oder gefälscht, dann kann auch unklar werden, was wahr und echt ist, und das ganze Leben wird unsicherer.

Bekanntlich wird dem, was zwischen zwei Buchdeckeln steht, immer schon eine besondere Autorität zugesprochen, und wenn etwas so abläuft, »wie es im Buche steht«, dann soll das heißen, das sei nun ohne jeden Zweifel richtig und wahr. Bei der Flut an neuen Büchern ist es kein Wunder, dass wohl in den vergangenen Jahren schon jeder Unsinn in irgendeinem Buch behauptet worden ist. Aber diese mehr oder weniger dreisten Fälschungen der Welt prägen das Leben mancher Leser bis heute.

Da gibt es wenig heiligmäßige Gestalten, die sich mit Ausdauer über Tugenden und Moral verbreiten, wenig erleuchtete Zeitgenossen, die angeblich alles zum Sinn des Lebens wissen, und wenig kluge Gestalten, die Ratgeber für alles und jedes verfassen. Die Prominenz des

Autors ist dabei das Entscheidende und leider nicht seine Erfahrung mit dem wirklichen Leben oder gar seine Weisheit, wie man früher sagte. Prominenz statt Kompetenz lautet die Devise. Man mache sich da keine Illusionen, all diese Bücher haben ihre Wirkung, denn sie tragen dazu bei, die wichtigen Grenzen zwischen wahr und falsch, gut und böse, sinnvoll und unsinnig aufzuheben und die Leser in der kurzen Zeit ihres Lebens in wichtigen Fragen höchst geschäftstüchtig in die Irre zu führen. Nach dem Motto: Irgendeine Orientierung ist besser als gar keine Orientierung, führt die Lebensbahn solcher leichtgläubigen Menschen dann auf direktem Weg nach Absurdistan.

Psychologisch jedenfalls wirken die indirekten Botschaften der Medien intensiver als die direkten, gegen die man sich eher direkt wehren kann. Der große Bereich der Unterhaltung hat heute wahrscheinlich auf das Bild, das sich Menschen von der Welt und vom Leben machen, einen größeren Einfluss als alle direkten Informationen. Wer viel arbeitet und wer nicht arbeitet, wer langweilige Arbeiten verrichtet und wer besonders konzentriert arbeiten muss, sie alle haben eines gemeinsam: Sie wollen unterhalten werden. Das erklärt, warum die Unterhaltungsindustrie heute zu den unangefochtenen Wachstumsbranchen gehört. »Wir amüsieren uns zu Tode«, warnte schon vor fast dreißig Jahren Neil Postman. Zwar sind tödliche Folgen bisher ausgeblieben, die Bedeutung von Unterhaltung für die Sicht, die wir von der Welt haben, ist freilich inzwischen eher noch gestiegen. Unterhaltung nimmt bei vielen einen großen Teil ihrer angeblich frei bestimmten Zeit ein. Und was in dieser Unterhaltungswelt vorkommt und was nicht, das prägt unweigerlich unser Bild von der Welt.

So kommt Gott wie schon im Fernsehen in der gesamten Unterhaltungswelt prinzipiell nicht vor. Er spielt keine Rolle. Er bekommt keine Zeit. Er hat keinen Ort. Er selbst jedenfalls nicht. Zwar drängen sich religiöse Sendungen, religiöse Personen oder religiöse Texte ins Unterhaltungsangebot, doch das ist nicht Gott selbst, das ist noch nicht einmal Religion, das sind zumeist unverständliche Irrläufer, bei denen man früher massenweise die Toilettenspülung betätigte und heute einfach wegzappt. Gar nicht aus antireligiösem Affekt, sondern weil es irgendwie nicht passt. Für jemanden, dessen Welt vor allem die Unterhaltungswelt ist, ist die Realität von etwas, das da prinzipiell nicht vorkommen kann, nicht aus logischen, sondern aus psychologischen Gründen von vornherein unwahrscheinlich. Ein solcher Unterhaltungskonsument mag ursprünglich sogar mal religiös gewesen sein. Mit der Zeit wird er immer mehr Zweifel an der Existenz Gottes bekommen, nicht etwa durch irgendein schlagendes Argument, sondern durch die einfache Tatsache, dass Gott in seinem Leben, das ein Medienleben geworden ist, de facto einfach nicht stattfindet. Das spricht natürlich überhaupt nicht gegen die Existenz Gottes, sondern ist bloß ein psychischer Effekt, der eintritt, wenn man in einer gefälschten Welt lebt. So wie Truman Burbank niemals die Sonne selbst sehen kann, wie sie über dem Meer aufgeht, sondern bloß eine armselige Lampe als Sonnenersatz zum Zenit seiner Welt steigen sieht, wie er nie die wirklichen Sterne sieht, sondern bloß lächerliche Imitationen, und wie er nicht wirkliche Liebe erleben darf, sondern bloß Liebesgetue einer für ihre Rolle bezahlten affektierten Ehefrau, so sieht der Unterhaltungsmensch Tag für Tag eine glamouröse Plastikwelt mit elektrischer Beleuchtung und künstlichen Stars, mit gespielter Liebe und inszenierten Dramen von Gut und Böse.

Kein Wunder, dass die Bewunderung für Schauspieler inzwischen jedes Maß sprengt. Nicht wirkliche Helden und wirkliche Heilige, sondern gespielte Helden und alle Sorten von Scheinheiligen prägen die Szene, und diese durch und durch künstliche Szene ist für viele die Welt. Auf diese Weise verpassen viele Menschen das eigene unverwechselbare Leben, die existenziellen Erfahrungen, die jedem Leben seinen ganz besonderen Geschmack geben.

Doch auch hier soll nicht eifernd der radikale Ausstieg aus dieser Unterhaltungswelt propagiert werden. Man mag sich ab und zu zur Abwechslung hineinbegeben in diese Welt, doch man sollte sich genau merken, wo man da ist und vor allem, wo sich der Ausgang befindet.

Jedenfalls bietet die Welt der Unterhaltung eine attraktive Möglichkeit zur Flucht aus der wirklichen Welt in mehr oder weniger angenehm gefälschte Welten, und wer diesem Sog folgt, dem wird die ganze Welt mit der Zeit zum Fernsehstudio, in dem er sein Leben verbringt, ein Leben, dem die eigentliche existenzielle Substanz auf Dauer abhandenkommt. Ein Leben, das am Ende kein Du mehr kennt, den wichtigen Mitmenschen, den hilfsbedürftigen Nachbarn, den hilfsbereiten Freund oder gar das absolute Du Gottes.

c) Leben im Netz

Staatstrojaner waren plötzlich in aller Munde. Und flugs musste sich auch eine ältere Generation, wenn sie politisch auf dem Laufenden sein wollte, mit Risiken und Nebenwirkungen von Computern befassen.

Große Aufregung! Der Staat hatte eine Software eingesetzt, die Computer ausspionieren konnte, aber diese Software konnte oder tat mehr als vom Gericht erlaubt.

Die Szene war ziemlich bizarr. Hier wurde mit gewaltigem Medienaufwand ein möglicher, möglicherweise gar nicht wirklicher, aber schon als möglicher möglicherweise illegaler staatlicher Übergriff gegenüber einem mutmaßlichen Verbrecher zur Staatsaffäre erklärt. Dabei wirkten die angegangenen Politiker allerdings keineswegs listig wie Odysseus dazumal, sondern eher hilflos und offensichtlich computermäßig völlig überfordert. Der Chaos Computer Club konnte genüsslich einen Politiker nach dem anderen vor eine Wand laufen lassen, die der arme Politiker mal wieder gar nicht wahrgenommen hatte.

Keine Frage, gerade der Staat muss sich auch im Bereich der neuen Medien an seine eigenen rechtsstaatlichen Prinzipien halten. Doch schien die Aufregungsökonomie etwas verrutscht. Es ging hier bloß um Ausspähungs*möglichkeiten* durch den Staat. Wie aber sieht es mit der Ausspähungs*wirklichkeit* durch die neuen sozialen Netzwerke und durch im Internet tätige Firmen aus?

Kurze Zeit nach der staatstrojanischen Staatsaffäre erschien ein Artikel über die schon seit langem stattfindende unglaubliche Bespitzelung von uns allen nicht durch biedere Staatsbeamte, sondern durch profitgierige und offensichtlich völlig hemmungslose Firmen, und diese Ausspähung geschieht nicht bloß bei wahrscheinlich bösen mutmaßlichen Verbrechern, sondern bei buchstäblich jedem, also auch bei netten Menschen wie bei Ihnen, liebe Leser, ohne dass Sie das vielleicht wissen, und übrigens schon seit ziemlich langer Zeit. Eigentlich ein unglaublicher Skandal, doch diese Firmen sind sehr mächtig, und man kommt nicht wirklich an sie heran, denn sie agieren international. Deswegen glaubt niemand, dagegen wirksam vorgehen zu können, und es herrscht allgemeiner Fatalismus.

Tatsache ist aber, dass wir alle offensichtlich bereits seit sehr langer Zeit und wohl auch noch weiterhin in unserer eigenen »Truman-Show« leben, nur dass nicht Milliarden treuherziger, naiver Menschen dauernd zusehen, was wir Tag für Tag so treiben, sondern es sind mit allen Wassern gewaschene Verkaufsstrategen, die vor nichts zurückschrecken, um Kasse zu machen. In seinem Buch »Payback« hatte Frank Schirrmacher diese beängstigende Welt plastisch geschildert und mit den Machthabern gesprochen, die nicht wie früher Macht mit Waffen, sondern mit Datenwissen ausüben können.

Wenn bei Google, Amazon und anderen Internetfirmen genau beobachtet wird, was wir da so anschauen und tun, dann wissen die mehr als die Gestapo und die Stasi zu ihren besten Zeiten. Gewiss, deren Methoden sind dann nicht primitive Freiheitsberaubungen durch staatliche Zwangsmaßnahmen, sondern elegante Freiheitsberaubungen durch geschickte Manipulationen. Wer sich mit einem bestimmten Bereich der Welt besonders gerne befasst, bekommt durch diese Firmen immer wieder Informationen nur oder vor allem zu diesem Bereich, und so ist er mit der Zeit, ohne es recht zu merken, gefangen in seiner eigenen kleinen Welt, aus der er dann irgendwann gar nicht mehr herauskommt oder herauswill, weil er ganz vergessen hat, dass es außerhalb seiner Präferenzen noch eine andere Welt gibt. Es ist wie früher bei Menschen, die jahrzehntelang gefangen waren und bei ihrer Befreiung gar nicht mehr herauswollten aus der ihnen bekannten Welt.

Natürlich ist jede Wahrnehmung der Welt subjektiv. Aber da gibt es ein breites Spektrum. Da sind einerseits Menschen, die geistesgegenwärtig das, was die weite Welt objektiv zu bieten hat, wahrnehmen, mit anderen darüber kommunizieren können und sich dadurch immer wieder zu Neuem anregen lassen. Am anderen Ende ist da die kleine völlig subjektive Welt des Psychotikers, der so sehr in seiner eigenen Welt lebt, dass ihn niemand, wirklich niemand mehr versteht. Viel größer aber als bei einem Psychotiker ist die Welt des jahrelang erfassten interaktiven Kunden am Ende vielleicht auch nicht mehr. Es handelt sich hier um nicht mehr und nicht weniger als um die bewusste Fälschung der Welt zu kommerziellen Zwecken.

Gewiss, jeder Händler muss das Kaufverhalten seiner Kunden beobachten, sonst bietet er Waren an, die niemand mehr will. Aber muss das auch heißen, dass man nicht bloß kollektives, sondern auch individuelles Kaufverhalten beobachten, dokumentieren und dann für die Herstellung einer Bespitzelungsakte nutzen darf? Freilich hört man da keinen empörten Aufschrei in der Öffentlichkeit. Erst wenn man etwas sehen kann, wie bei Google Street View, wo Kamerawagen durch die Straßen fahren und alle Häuser präzise fotografieren, um diese Bilder dann ins Internet zu stellen, werden manche und beileibe nicht viele Menschen aufmerksam und setzen sich zur Wehr. Die nicht abgebildeten Informationen, über die diese Firmen verfügen, sind aber letztlich erheblich intimer als alles, was von uns jemals fotografiert werden kann. Und nicht nur das, diese Firmen sorgen mit diesen Informationen auch dafür, dass wir in unserer Freiheit beschränkt werden, indem sie uns eine listig gefälschte Welt vorgaukeln, die keine wirklichen Alternativen mehr kennt – mit großem wirtschaftlichem Erfolg, versteht sich, für sie, nicht für uns.

Die Verharmlosung dieser Gefahren bedient sich immer der gleichen Strategie. Im Grunde sei das alles gar nichts Neues. Das habe es doch früher auch gegeben und das habe niemandem geschadet, man mache das mit Hilfe der neuen Medien eben bloß etwas genauer und das könne doch nicht so schlimm sein. Dabei lässt man geflissentlich unerwähnt, dass es eben ein großer Unterschied war, ob ein DDR-Bürger von seinem arglosen Nachbarn ohne Absicht beim Blumengießen beobachtet wurde oder mit Absicht, mit böser sogar, von einem Stasispitzel. Zwar sind nicht alle ökonomischen Absichten gleich böse Absichten, aber sie können immerhin ähnlich freiheitsberaubende Folgen haben wie die Anschwärzung durch einen perfiden Lauscher an der Wand.

Die verharmlosende Strategie bei Facebook und anderen sozialen Netzwerken läuft ähnlich. Menschen hätten doch immer schon miteinander kommuniziert. Das sei doch etwas Gutes und nichts Schlechtes. Und Facebook mache es möglich, dass man viel mehr Kontakte mit anderen pflegen könne. So weit, so gut und sogar richtig. Doch liest man kenntnisreiche Artikel über die Praktiken von Facebook und anderen Firmen, wird es schnell ungemütlich. Man erfährt, dass Facebook alle, wirklich alle Nachrichten immer mitliest, auch intimste Botschaften, die eigentlich wirklich nur für einen einzigen Menschen bestimmt sind. Wenn man Nachrichten löscht und nun beruhigt glaubt, gelöscht bedeutet das, was das Wort sagt, nämlich wirklich gelöscht, dann heißt das in der Facebook-Welt: Gelöscht für Sie, aber niemals für Facebook.

Der liebe Gott sieht alles, hieß es früher manchmal augenzwinkernd. Doch bei Facebook zwinkert niemand mit den Augen, die Facebook-Leute schauen jederzeit sehr genau hin. Da ist es dann ganz konsequent, dass man dort jetzt ein »Lebensarchiv« eines Teilnehmers anlegt, in dem dann alle Informationen über sein gesamtes Leben gespeichert sind, alles, was er wann getan hat, wo er wann gewesen ist, mit wem er wann einen Kontakt begonnen und beendet hat. Das wäre dann sozusagen die detaillierteste Biographie, die man sich überhaupt vorstellen kann. Alles scheinbar absolut echt. Auf diese Weise verspricht der machtbewusste Konzern, der wie der liebe Gott alles sieht, jetzt auch noch Unsterblichkeit, die digitale Unsterblichkeit nämlich. Und wenn man dann gestorben ist, dann ist man nicht, wie die Christen sagen, von der einen guten Hand Gottes in die andere gute Hand Gottes gewandert, sondern man bleibt profitabler Kunde über den Tod hinaus, indem nun eine digitale Gedenkstätte bei Facebook eingerichtet wird, an der sich Freunde und andere erinnern können.

Nach christlicher Auffassung ist der Mensch nicht ein berechenbarer Roboter, sondern letztlich ein Geheimnis, und genau das ist es, was ihn zum Abbild Gottes macht, der im Kern ebenso Geheimnis ist. In dieser Geheimnishaftigkeit liegt die Würde des Menschen begründet. Wenn jemand zu seiner Frau sagt: »Ich kenne dich ganz genau, du bist für mich wie ein offenes Buch«, dann ist das vielleicht das Respektloseste, was man zu einem anderen Menschen sagen kann, dann billigt man ihm keine Freiheit, keine Veränderungsmöglichkeit, keine eigene geistige Lebendigkeit zu. Das Ziel von Facebook aber ist offenbar genau das, den Menschen völlig durchsichtig und berechenbar zu machen, und damit übrigens letztlich völlig belanglos. Es ist eine Lüge, zu behaupten, das Wesentliche eines Menschen sei, wo er sich aufgehalten habe, was er wann gemacht habe und mit wem er wann Kontakt gehabt habe. Das kann man prinzipiell auch von jedem Schmetterling sagen. Von einem Menschen hat man damit noch gar nichts begriffen. Wenn die Reduktion des Menschen auf das, was man von ihm wissen kann, bei Facebook ungehemmt so weitergeht, werden wir irgendwann von jedem alles wissen, aber niemanden mehr wirklich verstehen. Das wäre ein technischer Fortschritt, aber eine humane Katastrophe.

Natürlich ist die primäre Motivation von Facebook nicht maßlose Neugierde und politischer Machtwille. Man will verdienen. Und so bekommen wir das durch Werbung angeboten, auf was wir wahrscheinlich, nach all dem, was wir so schreiben und was der Konzern liest, anspringen werden. Es sind Angebote und Informationen, die uns in unserer kleinen Welt immer wieder nur bestätigen. Von außen dringt auf Dauer nichts mehr hinein. Denn die Entscheidung, was für uns relevant ist, übernimmt das Unternehmen. Das ist die totale, geradezu totalitäre Verkaufsstrategie, und die Kunden sind die mehr oder weniger ahnungslosen naiven Opfer dieser höchst lukrativen Fälschung der Welt.

Facebook bildet eine eigene komplette Welt, eine andauernd überwachte Welt wie in Seahaven bei Truman Burbank und eben auch eine Welt, in der Facebook genauso die Menschen von der Wiege bis zur Bahre begleitet. Man mag Facebook und ähnliche soziale Netzwerke als eine Hilfe nutzen, den Kontakt mit wirklichen Freunden zu halten. Und dann kann Facebook auch echte existenzielle Erfahrungen mit Mitmenschen ermöglichen. Wenn man die anzuratenden Vorsichtsmaßnahmen einhält, ist dagegen gar nichts einzuwenden. Dennoch begegnet man sich über den Computer nie so ganz.

Freilich, weil alle neuen Entwicklungen in der Menschheitsgeschichte immer auch neue Irritationen und Gefahren gebracht haben, sind sie deswegen nicht auch gleich in Bausch und Bogen zu verdammen. Verteufelung alles Neuen und Maschinenstürmerei waren zu allen Zeiten Panikreaktionen von schlichten Gemütern. Aber es wäre genauso geistig schlicht, in allem Neuen nur deswegen, weil es neu ist, einen humanen Fortschritt zu sehen. Es kann ungelenke Fortschritte geben, die Freiheit und Würde des Menschen zertrampeln. Man darf deswegen den Suggestionen von Facebook und Ähnlichem nicht naiv auf den Leim gehen. »Freunde« bei Facebook darf man nicht so vertrauensvoll behandeln wie wirkliche Freunde und vor allem nicht auf Facebook-Seiten. Wenn man sich bei allem, was man da so schreibt, immer klarmacht, dass der unsympathischste und geschwätzigste Mensch das mitliest, was jetzt gerade aus der Fülle des Herzens fließt, dann vermeidet man es, in diese falsche Welt ganz hineingezogen zu werden. Andernfalls aber lebt man so, wie viele andere jetzt schon, in einer gefälschten Welt mit falschen Freunden, falschem Vertrauen, falschen Trends, einer Welt, in der man unbedingt etwas kaufen muss, was man weder braucht noch will, was aber bei den hochprofessionellen Regisseuren dieser gefälschten Welt die Korken knallen lässt.

Ob nun Hörfunk, Fernsehen, Film oder »neue Medien«, ob Bühnenauftritte, Zeitungen oder Bücher, überall werden künstliche Welten produziert, die nicht vor allem wahr, sondern vor allem unterhaltsam und gut verkäuflich sind oder die sogar aktiv zu irgendwelchen lauteren oder unlauteren Zwecken gefälscht werden. So ist das Leben, jedenfalls heute. Man kann sich alldem nicht wirklich entziehen, aber man kann sich zumindest bewusst werden, dass die Welten, denen man da ausgesetzt ist, nicht wahr sind, und man kann sich den Abenteuergeist bewahren, die wahre Welt zu suchen und sie zu bewahren, wenn man sie gefunden hat.

4.
Profiteure der Lüge –
Die Reichen und die Schönen
oder Leben wie Gott
in Frankreich

Paris Hilton ist ein Phänomen. Die junge Hotelerbin ist reich und schön, aber das ist ihr nicht genug. Sie pustet ihr bedürftiges Ego dadurch auf, dass sie sich redlich bemüht, koste es, was es wolle, maximale Aufmerksamkeit zu erregen. Das gelingt ihr mit allen möglichen Albernheiten, inszenierten Auftritten und mit unglaublich mutigen Provokationen wie zum Beispiel Falschparken. Paris Hilton ist ein Liebling der Medien, die ihre leeren Seiten mit den leeren Blicken dieses barbieblonden Plastikprodukts füllen. Von Paris Hilton ist kein einziger sinnvoller Satz überliefert. Niemand weiß, wie sie als Mensch eigentlich wirklich existiert, ob sie also an etwas anderes glaubt als an sich selbst, ob sie bei all ihren spektakulären Beziehungen weiß, was eigentlich Liebe ist, und ob sie wirklich ein Gefühl für Gut und Böse hat, wenn sie wieder mal nach wiederholten Verkehrsdelikten mit großer öffentlicher Aufmerksamkeit irgendwo das Klo putzt. Aber offensichtlich repräsentiert das, was an Paris Hilton eines Tages zu Recht verwest, zwei phantastische Welten, die sich in einer religiös ausgetrockneten Gesellschaft uneingeschränkter Verehrung erfreuen: die Welt des großen Geldes und die Welt idealer Schönheit.

All die erhabenen Werte der Gesellschaft sind so oft

missbraucht worden, dass man sich inzwischen mit leichter Kost begnügt. Es ist die große allgemeine Verunsicherung, die dazu geführt hat, dass nicht mehr tapfere Widerstandskämpfer und kühne Freiheitshelden, herzensgute Wohltäter und faszinierende Asketen, hinreißende Gottesfürchtige und tiefgründige Weise allgemeine Bewunderung genießen, sondern skurrile Gestalten wie Paris Hilton. Nicht mehr Helden und Heilige lassen die Menschen zur Besinnung kommen, sondern Stars und Sternchen machen den Unsinn zum Prinzip. In dieser falschen Welt herrschen nicht das Feuer der Begeisterung und der Glanz der Wahrheit, sondern das lockende Knistern von Geldscheinen und der blendende Flitter von Glamourmagazinen.

a) Der Weihnachtsmann verkauft sein Fest

Verletzte gab es. Ein Geschäft hatte seinen Ausverkauf auf Facebook angekündigt, und Hunderte gieriger Menschen hatten mit Gewalt den Laden gestürmt und hemmungslos Waren mitgehen lassen. Die Verkäuferinnen mussten sich in Sicherheit bringen. Ein ratloser Fachmann erklärte anschließend, wahrscheinlich habe das damit zu tun, dass sich die Werte verändert hätten. Es gebe eine andere Alltagskultur. Konsum habe fast religiöse Bedeutung, die Leute würden buchstäblich alles tun, um ein Schnäppchen zu erhaschen.

In der »Truman-Show« spielt konsumanregende Werbung eine große Rolle, denn die Werbung finanziert den ganzen Zirkus. Auch beim heftigsten Ehestreit vergisst Trumans dämliche Ehefrau nicht, mit künstlichem Zahnpastalächeln und einem blödsinnigen Werbespruch auf den Lippen eine Kaffeemarke in die versteckte Kamera zu halten. Die Vermarktung des Kaffees ist in der »Truman-Show« wichtiger als der erschüttert am Tisch sitzende Ehemann.

Werbung hat prinzipiell den Sinn, den Konsum anzuregen und zu erreichen, dass Leute Dinge kaufen, die sie normalerweise nicht kaufen würden. Sicher kann das auch mal sinnvoll sein und die Aufmerksamkeit auf ein wirklich nützliches Produkt lenken. Doch die Werbung bewirkt viel mehr. Sie schafft mit psychologischen Mitteln eine eigene Welt, sie suggeriert, was wichtig und unwichtig, was wert und unwert, schön und hässlich ist. Theoretisch weiß natürlich jeder, dass die Welt, die da präsentiert wird, falsch ist, gefälscht mit der Absicht, ein Produkt zu vermarkten. Doch praktisch entgeht er ihren Einflüssen dennoch nicht. Die Fälschungen sind gewöhnlich nicht plump, die platte Unwahrheit zu behaupten ist auch gesetzlich verboten, doch indirekte Botschaften, unwiderlegbare kühne Behauptungen und vollmundige Anpreisungen wirken viel nachhaltiger.

Hätte das nicht tatsächlich erhebliche Auswirkungen auf alle Konsumenten, würden nicht gewaltige Geldmengen in Werbung gesteckt. Natürlich soll Werbung eigentlich vor allem für den kurzen Moment wirken, in dem Menschen sich für den Kauf eines Produkts entscheiden. Doch in Wahrheit wirkt sie sich unvermeidlich dauernd aus und beeinflusst das Weltbild der Werbeopfer. Auch in der Werbung kommen Gott, Liebe und Moral nicht wirklich vor. Dennoch arbeitet sie hemmungslos mit einer existenziellen Staffage. Man hat da etwas anzubieten, mit dem man Liebe angeblich unglaublich gut ausdrücken kann, nicht billig natürlich, aber solide. Dann gibt es da noch etwas, dessen Kauf einen angeblich im Nu zum guten Vater, zur guten Mutter oder zum liebenswürdigsten Freund macht. Manchmal schweben auch Engel in den

Werbespot ein, oder ein als Franziskanermönch verkleideter angemieteter Schauspieler empfiehlt statt eines tugendhaften Lebens alten Käse.

Der Traum der Werbewelt ist der ohne Unterlass konsumierende Konsument. Nun ist der Werbespotzuschauer zwischen den Werbespots bedauerlicherweise anderen Einflüssen ausgesetzt, die ihn ablenken vom erfreulichen Griff ans Portemonnaie. Punktuelle Werbespots allein reichen also nicht aus, um Tag für Tag, von morgens bis abends, eine fröhliche Konsumatmosphäre zu schaffen, die am besten geeignet wäre, sozusagen totalitär den ganzen Menschen in Kaufrausch zu versetzen. Und da ist man auf die Idee verfallen, kurzerhand eine bestimmte Jahreszeit zur totalen Konsumzeit umzubauen. Dazu hat man mal eben das christliche Weihnachtsfest kernsaniert, weil es irgendwie mit Geschenken zu tun hatte. Alle christlichen Inhalte hat man komplett entfernt und bloß noch die Fassade stehen lassen.

Ursprünglich war das Beschenken der Kinder zum christlichen Weihnachtsfest eine pädagogische Maßnahme, um den Kleinen handgreiflich klarzumachen, dass die Menschwerdung Gottes alle Menschen mit der Erlösung von Sünde und Tod beschenkt hat. Die Freude über die wunderbaren Geschenke sollte die Freude über die Wunder Gottes zum Ausdruck bringen. Dabei vergaß man nie, zu erwähnen, dass Gott besonders zu den Armen und Ausgestoßenen gekommen war, dass das Christuskind nicht in einem warmen Haus, sondern in einem armseligen Stall geboren wurde und dass schlichte Hirten und nicht schlaue Leute als Erste begriffen, um was es da ging. Der Missionar der Armut, der heilige Franz von Assisi, hatte die Weihnachtskrippe mit all ihren Figuren erfunden, damit man sich bildhaft klarmachen konnte, aus welcher Armut das Heil der Welt gekommen war. Und es wurden am christlichen Weihnachtsfest Weihnachtsgeschichten vorgelesen, die zumeist von armen Menschen handelten, die die wahre Weihnachtsfreude erlebten.

Man muss zugeben, diese christliche Weihnachtstradition war für die beabsichtigte hemmungslose Konsumorgie geradezu eine Katastrophe. Sie war nicht nur nicht gerade förderlich. Sie war im denkbar schlimmsten Sinne schädlich. Also musste man sie gnadenlos mit Stumpf und Stiel ausrotten. Das Projekt lautete: Weihnachten ohne Christentum! Das ist im Grunde so wie: Fußballspiel ohne Fußball. Auf so einen Gedanken muss man erst mal kommen! Doch es funktionierte! Als Abrissbirne fungierte der sogenannte Weihnachtsmann. Was immer es an halbheidnischen Traditionen für diese rot-weißen Weihnachtstrottel gibt, zur Ruinierung der christlichen Inhalte des Weihnachtsfestes und zur Förderung des Konsumrauschs waren sie prachtvoll geeignet. Umberto Ecos Roman »Der Name der Rose« lebt von der Behauptung, dass nichts so zerstörerisch auf Religion wirke wie Lächerlichkeit. Und lächerlicher kann sich ein ausgewachsener Mann eigentlich nicht anziehen als mit dieser unsäglichen Kostümierung. Wenn diese Typen Weihnachten repräsentierten, dann hatten ernsthafte Inhalte keine Chance mehr. Da die Weihnachtsmänner zwar wie chronische Alkoholiker, aber dennoch nicht ärmlich aussahen, waren es die idealen Anreger für grenzenlosen Glühweinkonsum und reichhaltige Einkäufe.

Tiere reagieren bekanntlich auf Schlüsselreize, und da auch wir Menschen irgendwie Tiere sind, haben die Werbepsychologen dafür gesorgt, dass möglichst zeitig möglichst viele Schlüsselreize geboten werden, damit die

Menschen merken, dass Weihnachten ist, und tierisch einkaufen. Längst vor dem ersten Advent werden die Straßen so ausstaffiert, als sei schon Heiligabend. Überall stehen Weihnachtsbäume herum und Lichterorgien suggerieren die Situation im Weihnachtszimmer.

Bei den Christen war das ganz anders. Da war die Adventszeit früher in jeder Hinsicht eine Fastenzeit. Man aß kärglich, und man ließ es dunkel. Nur eine Kerze brannte am ersten Advent, und die vier Kerzen kurz vor Weihnachten waren auch noch kein Lichtermeer. Man bereitete sich mit besinnlichen Geschichten, mit frommen Gebeten und anrührenden Gesängen auf das christliche Hochfest vor. Erst an Heiligabend sah man dann zum ersten Mal einen Weihnachtsbaum voller strahlender Kerzen, und darunter standen die lange entbehrten Süßigkeiten.

Diese christliche Dramaturgie bekommen selbst christliche Familien heute kaum noch hin. Denn der aggressive lärmende Weihnachtstrubel überrollt inzwischen rücksichtslos alles. Lichterketten im Schaufenster für Unterwäsche, erbarmungslose Musikberieselung nicht mit Advents-, sondern mit Weihnachtsliedern, Weihnachtsmärkte mit schummrig beleuchteten Blockhütten, in denen entsetzlich spießige Niedlichkeiten neben Bismarckheringen feilgeboten werden und in denen sich betrunkene, zu Recht kinderlose Lebensabschnittspartner, ans Glühweinglas geklammert, »Ihr Kinderlein kommet!« anhören. Dieses komplett gefälschte Weihnachtsfest ist neuerdings einfach in jeder Hinsicht der Horror.

Wenn irgendwelche »Experten« zu Weihnachten befragt werden, dann erzählen sie allenfalls wortreich von folkloristischen Weihnachtsbräuchen wie von exotisch wirkenden Steinzeitritualen, von psychologischen Aspekten und von der angeblich dringend erforderlichen Diät nach dem Luxusgelage. Weihnachten kommt bei diesen Weihnachtsexperten einfach überhaupt nicht mehr vor.

So hat sich Weihnachten inzwischen jeglicher existenzieller Inhalte entledigt. Es geht nicht um den christlichen oder sonst irgendeinen Gott, es geht nicht um Liebe oder um Moral, sondern man zeigt, was man hat, und man bekommt, was einem zusteht, und das möglichst reichlich. Diese Fälschung des Weihnachtsfestes ist ökonomisch ein voller Erfolg. Alles dreht sich um gnadenlosen Kommerz, die Kassen klingeln hektisch, denn »Weihnachten wird unterm Baum entschieden«, wie ein Unternehmen dreist verkündete. Vor allem geht es um Geld, Geld ausgeben und Geld verdienen, und die Bilanz des Weihnachtsfestes zieht der Einzelhandel: Diesmal war Weihnachten wieder ein voller Erfolg!

Da die Dinge nun mal so liegen, kann man Christen eigentlich nur noch vorschlagen, ihr christliches Weihnachtsfest am besten in den Sommer zu verlegen. Vielleicht würde das gar keiner sofort merken, und ohnehin ist Jesus wahrscheinlich in der warmen Jahreszeit geboren, sonst wäre er in der Krippe mutmaßlich erfroren. Die Heiden wären dann bei ihrem Lichterfest zur Sonnwendfeier am 25. Dezember ganz unter sich und könnten so richtig von »Geiz ist geil« bis zu »Man gönnt sich ja sonst nichts« die Sau rauslassen, und die Christen könnten sich im Sommer wieder in Würde und Besinnlichkeit der Menschwerdung Gottes erinnern.

b) Die Finanzwelt ruft zum Hammelsprung

Die Welt des Geldes ist eine eigene Welt, mit eigenen Werten, mit eigenen »Wahrheiten«, mit einem eigenen Sinn des Lebens, und wir alle nehmen an ihr teil, ob wir wollen oder nicht. In dieser Welt gibt es nicht Liebe, sondern bloß Geschäftsbeziehungen, es gibt nicht Gut und Böse, sondern bloß Lukrativ und Nichtlukrativ, und natürlich gibt es in dieser Welt auch nicht Gott oder den Sinn des Lebens, sondern bloß den Markt. Auch diese Welt übt auf uns alle, auf den Bankdirektor und den Unterstützungsempfänger, unvermeidlich ihre Wirkung aus. Dass die Wirkung des Geldes Menschen ganz beanspruchen und vom Wesentlichen im Leben abhalten kann, das wusste schon ein kluger Mensch wie Franz von Assisi, der seinen ersten Gefährten verbot, Geld auch nur zu berühren, und Fausts Gretchen seufzt: »Nach Golde drängt, am Golde hängt doch alles. Ach wir Armen.«

In Deutschland blühte die Welt des Geldes ganz besonders bald nach der Wiedervereinigung auf. Plötzlich sollte jeder Aktien erwerben. Die Telekom-Aktie wurde zur »seriösen« Anlage für den kleinen Mann. Der allseits beliebte Schauspieler Manfred Krug pries in Werbespots die Aktie für Otto Normalverbraucher. Man hatte nicht bloß einen Volkswagen, sondern jetzt endlich auch eine Volksaktie. Ein veritabler Bundesminister fand sich ein, als der Vorstandsvorsitzende der Telekom, Ron Sommer, die neuen Aktien unters Volk warf. Und das Volk war begeistert. Ron Sommer gehörte zu den beliebtesten Deutschen, ein smarter Manager, der Erfahrung in Amerika gesammelt hatte, kompetent, tatkräftig, souverän. Das Deutsche Fernsehen vermehrte seine Börsensendungen, es gab jetzt nicht mehr bloß den Wetterbericht, sondern mit gleicher Prominenz den Börsenbericht. Das Ganze wurde nicht mehr nur als Zahlenakrobatik, sondern unterhaltsam und locker aufgemacht. Börse als Show, Erfolg für alle, leichtes Geld für ein schweres Leben. Börse war einfach in, war modern, sexy, angesagt. Investmentbanker schossen wie Pilze aus dem Boden. Jede Sparkasse leistete sich ein Vermögenscenter, in dem Kunden von jungen dynamischen Beratern mit den neuesten Angeboten beglückt wurden. Im Grunde verstand zwar kaum jemand, worum es eigentlich ging, aber gerade deswegen wurde man ja von kompetenten Fachleuten beraten, und da musste das schon seine Richtigkeit haben.

Nach dem Untergang des real existierenden Sozialismus schienen die Paradiese des Kapitalismus jedem offenzustehen. Man musste nur ein bisschen Risikofreude zeigen, Spaß am Leben und nicht allzu spießiges Sicherheitsdenken, und schon konnte man leben wie Gott in Frankreich: Wer nicht wagt, der nicht gewinnt. Und die Gewinne waren beträchtlich. Ganz ohne Arbeit konnte man Geld verdienen, und sogar viel Geld. Wer sein Geld bloß aufs Sparbuch tat, galt als hoffnungslos antiquiert, als tölpelhaft oder als geradezu krankhaft ängstlich.

Doch dann der Katzenjammer! Die Telekom-Aktie brach ein. Man hatte sich da mit den Immobilien ein bisschen verrechnet. Die Aktie stürzte steil ab von neunzig Euro auf am Ende zehn Euro. Überhaupt platzte die erste IT-Blase an der Börse. Die erfolgversprechenden neuen Technologien hielten ihr Erfolgversprechen nicht, sondern schrumpften plötzlich unfassbar schnell in sich zusammen. Die Aktienindizes waren im freien Fall.

Schlaglichtartig wurde klar, dass die Finanzwelt, die man bisher so genau zu kennen meinte, eine Fälschung war, dass sie zum Teil aus Potemkinschen Kulissen bestand, die mit böser Absicht oder in naiver Gutgläubigkeit in den Raum gestellt worden waren, und dass hinter ihnen keinerlei wirkliche Substanz stand. Alles, was da bisher so sicher schien, erwies sich mit einem Mal als höchst fragil. Der erste Schwung Investmentbanker landete umstandslos auf der Straße und musste sich einen anderen Job suchen. Einige Kunden empörten sich, da sei ihnen doch etwas ganz anderes versprochen worden, und bekamen zu hören, es sei ja immer gesagt worden, dass man mit risikoreichen Anlagen zwar viel Geld verdienen, aber auch viel Geld verlieren könne. So sei das Leben. Es schmerzte viele Börsenanfänger vor allem, dass ihr mit ihrer eigenen Hände Arbeit sauer verdientes Geld auf diese Weise in irgendwelchen obskuren schwarzen Löchern auf Nimmerwiedersehen verschwand, während sich herausstellte, dass manche cleveren Jongleure ihr Schäfchen noch rechtzeitig ins Trockene gebracht hatten. Die Wut war groß, aber aussichtslos.

Für viele hatte diese Krise wertvolle Erkenntnisse gebracht. So wurde klar, dass die scheinbar so kompetenten Finanzberater außer einigen Allerweltsratschlägen in Wahrheit nur wenig zu bieten hatten. Jedenfalls wäre ein Finanzberater, der wirklich den ultimativen Ratschlag hätte, wie man schnell richtig gutes Geld macht – natürlich sofort kein Finanzberater mehr, sondern er würde mit diesem Wissen für sich persönlich sorgen und sofort selber Multimillionär oder gar Multimilliardär, wie ein Warren Buffett.

Allein eine solche Einsicht wirkt ernüchternd. Damit aber wurde deutlich, dass schon das ganze Finanzberatungsgeschäft weniger mit Ökonomie als vielmehr mit Psychologie zu tun hat und dass hier in den verschwiegenen Beratungszimmern von Banken und Sparkassen skurrile Theateraufführungen von zwei Menschen ohne Publikum stattfinden, an deren Ende mitunter ein Vertrag steht, den beide Seiten im Kern nicht wirklich begreifen.

Das Problem also ist, nicht zu wissen, was man da wirklich tut. Denn man agiert in einer bloß virtuellen Finanzwelt. Andererseits setzt man mit den in dieser irrealen Welt getroffenen Entscheidungen aber unter Umständen die eigene reale Existenz aufs Spiel.

Wer einmal mit dieser Finanzwelt zu tun hatte, der weiß, dass auch diese Welt Menschen mit Haut und Haaren erfassen kann. Die Stimmung von gewissen Finanzmenschen wird vom Aktienindex bestimmt. Steigt der Dax, steigt die Stimmung, fallen die eigenen Aktien ins Bodenlose, kann die Opernaufführung, die man gerade besucht, noch so ergreifend sein, man kommt aus dem Grübeln nicht heraus. Die Schwankungen der Märkte, die unerwarteten Turbulenzen bei einem Unternehmen, bei dem man sich engagiert hat, die fehlende Kreditzusage, all das kann den Finanzmenschen sehr schnell aus dem seelischen Gleichgewicht bringen. Und auch die Ehefrau des Finanzmenschen, der Freund, der Nachbar, sie alle sind davon indirekt betroffen. Wollte man sich andererseits dieser künstlichen Welt ganz bewusst entziehen, wäre einem also ziemlich egal, was mit dem eigenen Geld geschieht, wäre einem gleichgültig, wie sich die Wirtschaft entwickelt, würde man sich die Stimmung durch all das nicht verderben lassen wollen, dann geriete man schnell in den Ruf, ein wirklichkeitsfremder Träumer zu sein, der sich der Härte der wirklichen, der realen Welt durch Flucht entzieht.

Dabei ist im Grunde das Gegenteil der Fall. Nichts gegen einen vernünftigen Umgang mit Geld, doch mit der existenziellen Welt, der wirklich wichtigen Welt, in der wir alle von unserer Geburt bis zu unserem Tod ganz real leben, hat all das letztlich nichts zu tun. Die Frage, ob unser Leben Sinn hat, ob wir einen Menschen wirklich lieben, ob wir gut oder böse handeln, ist mit Geld nicht wirklich zu lösen. Geld mag helfen, Gutes zu tun, aber ein mittelloser Mensch, der einem einsamen Mitmenschen Zeit schenkt, ist gewiss ein besserer Mensch als ein eitler Prahler, der wohltätig ist, um sich überall preisen zu lassen. Und so wie wirkliche Liebe für Geld nicht zu haben ist, so ist auch der Sinn des Lebens nicht käuflich.

Am Tage unseres Todes ist der Stand des Dax völlig uninteressant, egal wie viele Aktien wir besitzen. »Das letzte Hemd hat keine Taschen« – dieser weise Spruch früherer Zeiten gilt unverändert. Die Welt des Geldes tut so, als sei sie mit all ihren gigantischen lärmenden Crashs die eigentliche Welt, gegenüber der das einmalige Leben und der einmalige Tod eines einmaligen Menschen keinen Wert haben. Doch in Wahrheit ist es genau umgekehrt. Wer einen einzigen Menschen rettet, rettet die Welt, sagt ein jüdischer Spruch. Demgegenüber hat die Welt des Geldes keine existenzielle Substanz. Zwar funktioniert sie in der Realität, wie andere Fälschungen auch, sie kann Menschen ruinieren und sanieren, und sie wirkt sich auf diese Weise zweifellos auf das existenzielle Leben einzelner Menschen aus, wie Wunschträume und Alpträume das tun. Doch das ändert nichts daran, dass sie in Wahrheit ein künstliches Konstrukt ist, eine verwirrende Bühne für spektakuläre Tragödien und Komödien und da, wo gierige Finanzjongleure ihre Finger im Spiel haben, sogar tatsächlich eine mit böser Absicht gefälschte Welt.

Manchmal äfft die Welt des Geldes die existenzielle Welt sogar nach. Doch sie kennt bloß Schulden, aber keine wirkliche Schuld, sie kennt bloß Kredit, aber kein wirkliches Vertrauen, sie kennt Konjunktur, aber keine wirkliche Liebe.

Dennoch drängt sich die Finanzwelt in unser aller Leben machtvoll vor. Sie behauptet, von ihr, von ihr allein, hänge Wohl und Wehe der Menschheit ab, und mittlerweile dominiert sie die Nachrichten, bringt die Politik auf Trab und verschafft sich über ihre Katastrophen höchste öffentliche Aufmerksamkeit. Selbst in Krimis gilt ein finanzielles Mordmotiv als sozusagen vernünftig, während Mord aus irgendwelchen Leidenschaften heraus verrückt wirkt. Auf diese Weise erscheint die Finanzwelt durch und durch als eine höchst wirkliche Welt, der sich niemand von uns völlig entziehen kann, und auch sie vermittelt den Eindruck, dass sie die eigentliche Welt ist und dass Liebe, Gut und Böse, Sinn des Lebens oder gar so etwas wie Gott Illusionen sind, die vom eigentlichen Leben ablenken, einem Leben, das man auf Heller und Pfennig berechnen kann. Oder etwa nicht?

Manchmal bricht aber dann doch die existenzielle Welt in die Finanzwelt ein. Da begeht ein Betrüger wie Bernhard Madoff mit den Mitteln der Finanzwelt seine Verbrechen, jongliert mit vorgetäuschten Milliarden, treibt Menschen in den existenziellen Ruin, wird verurteilt, verliert seinen Sohn durch Selbstmord und versteht im Gefängnis die Welt nicht mehr. Da verzichtet ein Unternehmersohn auf sein Erbe und sucht den Sinn seines Lebens woanders. Da verliebt sich ein alter Milliardär in eine junge Frau und wird unkalkulierbar. Es sind Irritationen, die in den Boulevardblättern Aufsehen erregen. Dann gibt es mal kurz Diskussionen über Markt und Moral, über Einsteiger und Aussteiger, über Liebe und Geld. Doch die ehernen Abläufe der Finanzwelt selbst werden davon nicht berührt. Letztlich sind das alles die bekannten »peanuts«, die Ausnahmen von der Regel, und die Regel, das ist eine gigantische künstliche Geld-Welt, geschaffen zwar von Menschen, doch längst ein eigensinniges unbezähmbares Monster, wie der Minotaurus einst, jene menschenfressende Höllengeburt, die inmitten eines Wirrnis stiftenden Labyrinths auf der Lauer lag und gierig Existenzen vernichtete.

Um nicht missverstanden zu werden: Es wäre ganz unfair, hier pauschal Leute zu beschimpfen, die in der Finanzwelt oder in der sogenannten Realwirtschaft tätig sind, die tun zumeist auch nur redlich ihre Pflicht. Und es geht auch nicht darum, in die allgemeine Klage über die Amoralität der Finanzmärkte einzustimmen. Es geht nur darum, zu zeigen, dass die Finanzwelt durch ihre pure machtvolle Existenz den kaum widersprochenen Eindruck vermittelt, die eigentliche Welt zu sein, und dass dieser Anspruch auf einer Fälschung beruht. Denn eines ist klar: Selbst der immer so alerte Banker wird im Zweifel vom Verrat seines besten Freundes härter getroffen als vom Platzen eines Kredits, er wird von der Liebe zu einer faszinierenden Frau tiefer ergriffen als von der ultimativen Geldanlage, und auf seinem Sterbebett wird ihn das Zwitschern eines kleinen Vogels mehr berühren als der Aktienindex vom Tage. Sollte es nicht so sein, hätten wir Zweifel, ob der Mann noch recht bei Troste ist. Wir müssten befürchten, dass er sich rettungslos im Labyrinth dieser Plastikwelt verlaufen hat, dass er zur Gänze der Fälschung der Welt aufgesessen ist, die täglich auf uns alle einwirkt und uns immerzu zuflüstert: Was bist du schon, du kleiner lächerlicher Wicht, mit deiner ängstlichen Moral, mit deinen wankelmütigen Gefühlen, mit deinen kleinen lächerlichen Sorgen und Nöten in den großen gewaltigen Stürmen des riesigen machtvollen Marktes!

Inzwischen hat die Finanzwelt auch die Politik in einem Maße gefangen genommen, das noch vor Jahren undenkbar schien. Gewiss, auch früher schon hatten Wirtschaftskrisen und Börsencrashs handfeste politische Folgen. Die Weltwirtschaftskrise Ende der zwanziger und Anfang der dreißiger Jahre des 20. Jahrhunderts hat den Nazis den Weg an die Macht geebnet. Doch dass zurzeit in den öffentlichen politischen Debatten, die ohnehin in geistlosen politisch korrekten Ritualisierungen erstarrt sind, die klassischen demokratischen Themen der Gerechtigkeit, der Solidarität und der Freiheit ganz in den Hintergrund treten gegenüber schwer durchschaubaren finanzpolitischen Interventionen und die ehrwürdigen Parlamentarier zwischenzeitlich alle paar Wochen zum Hammelsprung zusammengetrieben werden, ohne offensichtlich zu wissen, worum es bei der Abstimmung eigentlich geht, das ist zweifellos neu. Da regt sich dann auch kaum jemand auf, dass zeitweilig von führenden Repräsentanten des Staates die Unwahrheit gesagt werden »muss«, um die Märkte nicht zu beunruhigen. Und wenn jemand trotzdem zur Unzeit laut die Zahlungsfähigkeit Griechenlands in Frage stellt, wird er parteiübergreifend gerüffelt. Das ist kaum merklich die Übernahme der Politik durch die Finanzwelt.

Wohin aber eine Gesellschaft gerät, in der von ihren führenden Repräsentanten gewohnheitsmäßig nicht mehr mit schlechtem Gewissen gelogen wird, sondern angeblich aus marktstabilisierender Pflicht, das ist im Grunde kaum auszudenken, wird aber schicksalsergeben noch nicht einmal thematisiert. Und zur Beruhigung lässt man sogenannte Experten verkünden, wir alle würden ohnehin x-mal am Tag lügen. Na ja, wenn man fälschlicherweise behauptet, das Klo sei besetzt, ist das noch lange keine absichtliche eigennützige Täuschung eines Mitmenschen. Da hat wohl eher der Volksmund recht, wenn er skeptisch vermutet: Wer einmal lügt, dem glaubt man nicht und wenn er auch die Wahrheit spricht. In Wirklichkeit würde es natürlich kalt und einsam um die Menschen, wenn man niemandem mehr ernsthaft vertrauen könnte. Doch der Welt des Geldes ist das egal. Auch wenn sie nicht ohne ein gewisses Vertrauen funktioniert, letztlich kennt sie nicht wahr und falsch, gut und böse, schön und hässlich. Sie ist eine Welt für sich.

In dieser Welt gibt es nicht den einen großen Regisseur wie in Trumans Welt, sondern in ihr sind viele absichtliche und unabsichtliche Fälscher am Werk. Doch das Ergebnis ist das gleiche: die große Illusion einer höchst komplexen Scheinwelt, vor der der existenzielle Ernst eines einfachen Menschenlebens keine Bedeutung zu haben scheint. Und genau das ist der große Irrtum. Wer diesem Irrtum erliegt, der vertut sich nicht bloß ein bisschen, sondern er begeht einen tödlichen Fehler, den er niemals wiedergutmachen kann: Er verpasst sein Leben.

c) Die Castinggesellschaft spielt Jüngstes Gericht

Nur wenige Menschen sind reich, aber jeder von uns braucht Geld zum Leben, und daher kann sich niemand so ganz der blinden Eigendynamik des Geldes entziehen. In der Regel verdient man sein Geld durch einen Beruf, und die Berufswelt ist eine eigene kleine Welt, die aber nicht zu unterschätzen ist. Was in dieser Welt vorkommt und was in ihr nicht vorkommt, was in ihr wichtig ist und was in ihr unwichtig ist, was in ihr Wert hat und was in ihr als wertlos gilt, das hat natürlich einen enormen Einfluss auf das Weltbild eines jeden Menschen. Denn der Mensch verlebt eine beträchtliche Zeit seines wachen erwachsenen Lebens an seinem Arbeitsplatz. Dort erlebt er seine Erfolge und seine Misserfolge, dort knüpft er wichtige soziale Kontakte, dort ist er wer. Doch auch in der heutigen Berufswelt kommen existenzielle Erfahrungen in der Regel nicht vor. Wer am Arbeitsplatz dauernd den Sinn des Lebens thematisiert, kann sich bald einen neuen Job suchen, wer da alles nur für Gotteslohn tut, geht bald pleite, und Liebe am Arbeitsplatz ist bekanntlich ein heikles Thema. Der Beruf gibt dem Leben Sinn, aber er ist nicht der Sinn des Lebens. Und so sorgt auch die Allgegenwart der Berufswelt mit dafür, dass die existenziellen Erfahrungen eines menschlichen Lebens merkwürdig unernst und geradezu nebensächlich wirken neben dem Ernst des Lebens in der harten Arbeitswelt.

Auch hier soll nicht Klage darüber geführt werden, dass die Arbeit den Menschen von sich selbst entfremdet. Das mag manchmal so sein, doch zumeist speist die Arbeit das Selbstwertgefühl eines Menschen, und die Arbeitslosigkeit ist eine Plage. Es geht hier bloß um die Gefahr, dass der Beruf nicht nur als wichtiger Teil eines Lebens erscheint, sondern dass er die ganze Sicht der Welt bestimmt und dass man dadurch blind wird für das eigentlich Wichtige, das sich jenseits des Berufes in all den unberechenbaren und unwiederholbaren Momenten eines einzigartigen menschlichen Lebens ereignet.

Woran liegt es, dass der berufliche Erfolg und überhaupt der Erfolg im Leben in den vergangenen Jahrhunderten eine so atemberaubende Karriere gemacht hat? Der berühmte Soziologe Max Weber hat behauptet, die protestantische Ethik sei schuld daran. Tatsächlich hatte vor allem der Calvinismus ein Problem. Er glaubte nicht, dass der Mensch durch eigenes Zutun für sein ewiges Seelenheil irgendetwas erreichen könne. Wer sich also sein ganzes Leben lang für andere aufopferte, konnte gnadenlos in der Hölle landen, und wer von morgens bis abends sündigte, der konnte dennoch von der göttlichen Vorsehung zur ewigen Glückseligkeit auserkoren werden. Der Horror vor jeder aufmüpfigen Eigenmächtigkeit des in der Sünde zerbrochenen Menschen führte diese Calvinisten unbeabsichtigt zur absurden Vorstellung von einem unberechenbaren tyrannischen Willkürgott.

Wie aber wollte man im Ernst in dieser entsetzlichen Ungewissheit leben? Und so kam es, dass gewisse Calvinisten wenigstens einen Hinweis darauf zu finden meinten, dass ein Mensch zu den Auserwählten gehörte, und das war ausgerechnet – der wirtschaftliche Erfolg. Kein Wunder also, dass der moderne Kapitalismus in ursprünglich calvinischen Weltgegenden aufblühte. Es hat über diese These eine lebhafte Diskussion gegeben, und schon Max Weber selbst hat darauf hingewiesen, dass es hier bloß um die geistigen Wurzeln einer modernen Dynamik geht, die längst ihre religiösen Ursprünge abgeschnitten und vergessen hat.

Inzwischen geht es bekanntlich nur noch um den Erfolg an sich, im diesseitigen Leben und für das diesseitige Leben. Der Himmel kann warten. Dabei treibt die unbändige Sehnsucht danach, der Beste zu sein, amüsante Blüten. Das Guinnessbuch der Rekorde erhebt den Schwachsinn zur Methode, und kaum jemandem gelingt es bei den bierernsten Wettbewerben noch, dahinter den ursprünglichen britischen Humor wahrzunehmen.

Unsere Castinggesellschaft hat den Erfolg vollends banalisiert. Da erklären sich irgendwelche abgedrehten, aber höchst geschäftstüchtigen kruden Gestalten zur Jury und inszenieren mit oder ohne Fernsehen eine Art Travestie des Jüngsten Gerichts, spielen sich selbst als quasi göttliche Instanzen auf und erwecken den Eindruck, sie würden jetzt über Wohl und Wehe von Menschen entscheiden. »Es geht jetzt um alles!«, ruft der größenwahnsinnige humorfreie Moderator. Zitternd harren die Kandidaten des letztgültigen Urteils, das nach unergründlichem Ratschluss die einen in höllische Verzweiflung stürzt, die anderen aber scheinen in einen Himmel unglaublicher Möglichkeiten aufzusteigen. Doch der scheinbare Himmel entpuppt sich schon bald als eine plumpe Fälschung. Von wirklichem Erfolg keine Spur. Man erklärt dann noch schnell den entgeisterten nationalen, internationalen, universalen »Supermegastars«, dass jeder mal Pech haben kann und dass nun mal leider Möglichkeiten noch nicht automatisch handfeste Wirklichkeiten seien, lässt sie ihre Wunden lecken und geht zum nächsten ultimativen Casting über.

In Wahrheit ist der ganze künstliche Trubel eine einzige Fälschung, auf Kosten von Kandidaten und Publikum und zugunsten lukrativer Werbezeit für Müller-Milch. Dennoch übt diese gefälschte Welt auf leicht beeinflussbare junge Menschen eine unglaubliche Faszination aus. Für manche Teenager scheint sie wichtiger zu werden als Familie, Freunde, Schule, für sie ist das echt, was für die Macher, die Profiteure der Lüge, bloß ein großes Geschäft ist. Wenn ein Mensch ganz in diese künstliche Welt eintaucht, dann ist aber für so jemanden eine Instanz, die höher steht als »die Jury«, im Grunde nicht denkbar. Für Gott, auch wenn es ihn gäbe, ist da gar kein Platz, auch wirkliche Uneigennützigkeit passt nicht in den ultimativen Wettstreit, höchstens ein paar gut eingesetzte, sympathisch wirkende Gesten gegenüber den Konkurrenten, die die eigenen Chancen verbessern, und wirkliche Liebe schließlich würde inmitten all der bombastisch inszenierten künstlichen »Gefühle« geradezu lächerlich wirken. Die echte, die existenzielle Welt kann prinzipiell in dieser Castingwelt gar nicht vorkommen.

Schönheitswettbewerbe sind nicht bloß Teil des durchgeknallten Castingrummels, sie öffnen den Blick auf die Fälschung der Welt schlechthin, den allgemein grassierenden Schönheitskult. Nun haben sich zu allen Zeiten Frauen und Männer darum bemüht, unter Einsatz ziemlich raffinierter Mittel fürs andere Geschlecht attraktiver zu wirken, als sie bei Licht besehen eigentlich sind. Dagegen ist nichts einzuwenden. Doch inzwischen ist es einer gigantischen Schönheitsindustrie gelungen, eine ganze Gesellschaft mit Erfolg in den Schönheitswahnsinn zu treiben. Auch hier geht es im Wesentlichen darum, Kasse zu machen.

Die eifrige Propagierung eines dauerhaft niemals erreichbaren Schönheitsideals und die gleichzeitige Bereitstellung höchst kostspieliger Mittelchen ist ein enorm gewinnbringendes Geschäftsmodell. In Wahrheit stürzt dieser Massenwahn alle mehr oder weniger hässlichen Menschen – und mehr oder weniger hässlich sind genau besehen alle Menschen – ins kostspielige Unglück. Denn am Ende ist bekanntlich nichts mehr zuzuspachteln, aufzupumpen und hochzuziehen, am Ende treibt die Gravitationskraft jeden zeitweiligen Ausbund an Schönheit faltenreich Mutter Erde zu.

Die verheerenden psychischen, gesundheitlichen und finanziellen Nebenwirkungen des außer Rand und Band geratenen Schönheitskults sollen hier aber gar nicht verfolgt werden. Hier interessiert uns etwas anderes. Denn auch der Schönheitskult betreibt die Fälschung der Welt. Nicht bloß durch die Produktion von prekären Plastikschönheiten, die in Wahrheit nicht schön, sondern nur blendend aussehen. Vor allem ist es die machtvolle Suggestion, Schönheit sei das Nonplusultra, die fatale Folgen hat. Schönheit, so raunen all die gierigen ästhetischen Fälscher, sei sozusagen dasjenige, worüber hinaus nichts reiche. Das war im Mittelalter ziemlich genau die Definition Gottes. Und tatsächlich, wenn man manch ein junges Mädchen heute vor die Wahl stellen würde, es könne entweder für eine gewisse Zeit so schön aussehen wie das angesagteste Model oder es könne das ewige Glück, den Himmel, das Paradies, wie man früher sagte, erlangen, nicht auszuschließen, dass die Wahl auf das höchst vergängliche maskenhafte Modelaussehen fallen würde. Wenn so etwas aber ganz selbstverständlich als das Höchste gilt, dann ist die Fälschung komplett gelungen, und es gibt darüber hinaus für Gott, für Liebe, für Moralität gar keinen Platz mehr. Dann wirken diese wirklichen existenziellen Aspekte des Lebens gegenüber den mit Hilfe von Computerprogrammen gefälschten bunten inszenierten Bildern in den Modemagazinen merkwürdig blass und unwirklich. Dann hat der Irrtum gesiegt.

5.
Produzenten des Scheins – Spirituelle Prothesen oder Religionen aus dem Baumarkt

a) Wie man den Tod vermeidet

Es gibt ein Problem mit dem ewigen Leben.

Die Sehnsucht danach existiert, seit es Menschen gibt, aber erstmals seit Bestehen der Menschheit sind Menschen in Mitteleuropa nicht mehr so ganz sicher, ob nicht vielleicht doch mit dem Tod alles aus ist. Weil freilich die Sehnsucht umso heftiger brennt, hat sich eine ganze Gesellschaft verschworen, das ewige Leben eigenhändig herzustellen. Wenn es möglicherweise keine Perspektive nach dem Tod gibt, dann muss man eben alles tun, um die Haltbarkeit des Homo sapiens wirksam zu erhöhen und durch ein gesundes Leben den Tod todsicher zu vermeiden. So wurde die Krise der abendländischen Religiosität zur Geburtsstunde einer machtvollen neuen Religion: der Gesundheitsreligion.

Im gesundheitsfrommen Dauerkampf gegen den Tod hat das Leben seine Unbefangenheit verloren. Bewegung, Essen, Trinken, Schlafen, Lieben, Hassen, Lachen, Rauchen und Nichtrauchen, alles wird unter gesundheitlichen Aspekten betrachtet. Viele Regalmeter an Ratgebern geben kriegsentscheidende Informationen für die große Schlacht gegen den Tod, und diese Schlacht, meine lieben

Leserinnen und Leser, so steht es überall, beginnt natürlich heute!

Die Parole lautet: Man muss etwas tun für die Gesundheit, von nichts kommt nichts, wer stirbt, ist selber schuld! Den Tod zu besiegen, das suggerieren all diese Texte, ist im Grunde ein Leichtes, wenn man nur rechtschaffen lebt und sich strikt an alle Gebote hält. Das sind leider weit mehr als die alten zehn, aber es stehen zur Aufzeichnung dieser ultimativen Ratschläge ja auch nicht bloß zwei läppische Steintafeln zur Verfügung. Das ist für die, die sich angstvoll an all das halten, nicht sehr lustig, und Humor ist in dieser schönen neuen Gesundheitswelt dann auch vergleichsweise selten. Aber es geht ja auch um nichts weniger als um alles oder nichts, um Leben und Tod, um Sein oder Nichtsein, und da darf man schon ernsthaften Einsatz erwarten.

Das kann dann auch mal gründlich schiefgehen. Zurückgeblieben nannte man früher eigentlich einen bedauernswerten Menschen, der noch ein bisschen kindlich wirkte und geistig nicht ganz auf der Höhe war. Anti-Aging heißt so etwas heute auf Dummenglisch, aber plötzlich soll das nicht mehr bedauernswert, sondern erstrebenswert sein. Neuerdings möchte man gerne zurückbleiben. Man möchte jünger sein, als man ist. Nun wollen auch unsere Kinder mal Biene Maja oder Benjamin Blümchen sein, und wir machen ihnen dann vorsichtig klar, dass das leider nicht geht, was sie mit zunehmendem Alter auch begreifen. Aber bei den Anti-Agern funktioniert das nicht. Sie weigern sich einfach, älter und klüger zu werden. Sie haben sich in den Kopf gesetzt, nicht zu altern, und weisen jeden vorsichtigen Hinweis darauf, dass so etwas nicht geht, empört von sich.

Nun hat es das Schicksal aber so eingerichtet, dass wir alle unvermeidlich gleichermaßen altern, geistig und körperlich. Das hat Vor- und Nachteile. Als Kind möchte man nicht so entsetzlich phantasielos sein wie ältere Menschen, und als Älterer ist man froh, dass man nicht mehr so klein ist, weil man jetzt besser an den guten Likör kommt. So hat jedes Alter etwas für sich, aber eines ist klar: Wer das Altern bloß als Verhängnis sehen kann, wird ein unglücklicher Mensch. Denn alle altern, ob sie wollen oder nicht.

Nun gibt es schon lange ein paar äußere Hilfsmittel, um etwas jünger auszusehen, als man eigentlich ist. Solche erfreulich anzusehenden Fälschungen sollen hier gar nicht kritisiert werden. Aber schon wenn alle möglichen angeblich unerlässlichen Körperübungen angepriesen werden, wird es heikel. Denn all diese Maßnahmen sind zeitaufwendig, und viel Zeit hat man eigentlich nicht mehr. Die in den höchsten Tönen gepriesenen medizinischen Maßnahmen, die die biologische Alterung angeblich mit Sicherheit bremsen sollen, sind bei Licht besehen eine ziemlich mickrige Antwort auf eine große Sehnsucht.

In Wirklichkeit gibt es nur eine einzige, wissenschaftlich eindeutig belegte Maßnahme, mit der man sicherstellen kann, dass man möglichst spät stirbt: Man muss sich alte Eltern aussuchen – was aber nun einmal leider nicht möglich ist. Wenn nämlich beide Eltern über hundert Jahre alt geworden sind, dann ist die Wahrscheinlichkeit sehr hoch, dass man selber auch sehr alt wird, egal wie ungesund man lebt. Und wenn die Eltern beide mit fünfzig sterben, dann helfen mutmaßlich auch alle Anti-Aging-Aktivitäten nichts.

Solche Einsichten sind zugegebenermaßen nicht sehr wirtschaftsfördernd, und in gesundheitsgläubigen Ohren klingen sie wie Blasphemie. Doch leider spricht vieles dafür. Nichts also gegen sinnvolle gesundheitsfördernde

Maßnahmen, aber Anti-Aging ist nichts anderes als eine maßlose Verheißung, eine kostspielige Enttäuschung, eine geplante Frustration.

Die Gesundheitsreligion ist ein Tanz um ein Goldenes Kalb, das es eigentlich gar nicht gibt. In einer schwachen Stunde hatte nämlich die Weltgesundheitsorganisation Gesundheit als »völliges körperliches, seelisches und soziales Wohlbefinden« definiert. Hand aufs Herz, liebe Leserinnen und Leser, wer von Ihnen ist dann noch gesund? Erreichbare Ziele sind allerdings ökonomisch nur begrenzt interessant. Wenn das Ziel erreicht ist, endet das Geschäft. Ein unerreichbares Ziel aber, wie die so definierte Gesundheit, das sich zu allem Überfluss auch noch allerhöchster Verehrung erfreut, verspricht unbegrenzte Gewinne. Und so ist es kein Wunder, dass die Gesundheitsindustrie seit Jahren einen unglaublichen Boom erlebt. Zu Recht weisen vor allem Behinderte darauf hin, dass dumme Sprüche wie »Gesundheit ist das höchste Gut« und »Hauptsache, gesund« falsch und menschenverachtend sind, doch als gut plazierte Werbesprüche versprechen sie Milliardengewinne. Die Fälschung der Welt ist im Gesundheitsbereich ein zynisches gigantisches Geschäft.

Wie bei jeder guten anderen Religion wird im Übrigen das ganze Leben des Gesundheitsgläubigen von der Wiege bis zur Bahre von der Gesundheit bestimmt. Den Tod im Nacken, rennen atemlose Menschen durch die Wälder, essen aus Angst, wenn überhaupt, nur ganz entsetzlich gesunde Sachen und leben ein trauriges Leben voller Verzicht und Kasteiung. Mit der Zeit verengt sich ihr Weltbild und folglich ihr Gesprächsstoff ganz auf Gesundheitsfragen, was soziale Kontakte verständlicherweise auf ähnlich orientierte Menschen einschränkt, bis die Ersten im gesundheitsbewussten Bekanntenkreis dennoch überraschenderweise sterben. Dann ist die Verzweiflung groß, denn das war nicht vorgesehen. Zuerst nimmt man irgendeine Panne an, dann argwöhnt man, dass der Gute doch heimlich gesündigt hat, um sich endlich mit der deprimierenden Tatsache abzufinden, dass man, Gott sei's geklagt, auch gesund sterben kann. Für einen kurzen Moment der Besinnung tritt grell zutage, dass der ganze pseudoreligiöse Gesundheitstrubel auf einer geschäftstüchtigen Fälschung der Welt beruht. Solche Erkenntnisse zur Unzeit können dann allerdings irritierend wirken. Als ein zweiundfünfzigjähriger Mann, der von seiner Frau bekanntermaßen dauernd mit Diäten traktiert wurde, die er nicht aus Einsicht, sondern aus Liebe über sich ergehen ließ, bei einem Verkehrsunfall starb, musste die große Trauergemeinde am Grab das laute Schluchzen seiner Ehefrau vernehmen: »Jetzt haben all die Diäten nichts genützt!« Alle Anwesenden wahrten mit Mühe die Fassung.

Die real existierende Gesundheitsreligion ist eine Realsatire. Inzwischen gibt es sogenannte Lachgruppen. Als ich zum ersten Mal davon hörte, hielt ich das für einen guten Witz. Doch es war nicht der erste April, und der seriöse Radiosender, der von einer solchen Gruppe in Frankfurt berichtete, ließ keinen Zweifel an der Ernsthaftigkeit der Reportage. Auf die Idee zu diesen Lachgruppen waren nicht irgendwelche humorvollen Zeitgenossen gekommen, sondern ganz im Gegenteil. Man hatte aus der Tatsache, dass irgendwer herausgefunden haben wollte, dass Lachen gesund sei, den brutalstmöglichen Schluss gezogen und diese unsäglichen Gruppen gegründet.

Man stelle sich vor: Da treffen sich einmal pro Woche zehn smarte Banker, die sich nicht näher kennen, in einer

Souterrainwohnung im Frankfurter Westen und lachen aus vollem Halse hemmungslos eine Stunde lang ausdauernd in Gruppe vor sich hin. Scherze sind dabei verboten, denn es geht um das Lachen an und für sich. Am Ende der Stunde verstummt pünktlich das Lachen. Die Gesichtszüge straffen sich, man greift sich wieder seine Aktentasche, grüßt knapp und verlässt den Raum. Sollten irgendwann Marsmenschen auf die Erde kommen und so etwas erleben, hätten wir gewiss alle Mühe, denen begreiflich zu machen, dass diese merkwürdige Spezies tatsächlich Homo sapiens sapiens heißt. Denn eines ist klar: Kein Tier würde sich so lächerlich verhalten. Die Gesundheitsreligion produziert tagtäglich völlig absurde Situationen von hinreißender Komik, aber niemand lacht. Denn Gesundheit, das muss man wissen, ist eine streng humorfreie Zone.

Hier soll uns aber nicht der realsatirische Alltag der Gesundheitsgläubigen interessieren, mit den verheerenden ökonomischen, politischen und ethischen Folgen einer Vergötterung der Gesundheit. Davon handelte mein Buch »Lebenslust – Wider die Diätsadisten, den Gesundheitswahn und den Fitness-Kult«. Hier geht es um das gefälschte Weltbild, das die Gesundheitsreligion überall propagiert. Und auch da ist für existenzielle Erfahrungen kein Platz.

Die Gesundheitsreligion kennt natürlich keinen Gott, denn sie verdankt ihr Entstehen ja gerade dem Zweifel an höheren Mächten und Zielen, und einen Sinn des Lebens außerhalb der beständigen Förderung der Gesundheit vermag sie nicht zu sehen. Der Sinn des Lebens ist nach Auffassung der Gesundheitsreligion nichts anderes als – die Gesundheitsreligion. Dabei ist Gesundheit in Wirklichkeit nur eine nicht ganz unwichtige Rahmenbedingung fürs Leben, sie ist nicht das Leben selbst. Doch der Gesundheitsgläubige verhält sich wie ein Theaterdirektor, der all seine Mühe darauf verwendet, ein Theater instand zu halten, in dem niemals gespielt wird. Der Gesundheit zuliebe verzichtet er tugendhaft aufs pralle Leben. Ein köstliches Mahl – um Gottes willen, das Gewicht! Wunderbarer Wein und am Schluss noch ein Schnaps – um Himmels willen, die Leber! Wochenlang herumfaulenzen im Urlaub ohne Sport – eine Sünde wider den Körper! Lebenslust ist für den passionierten Müslifan nichts anderes als eine teuflische Versuchung. Und wirkliche Religion ist da natürlich wie Opium für das Volk, denn sie könnte durch die scheinbare Vertröstung auf ein wunderbares ewiges Leben Partystimmung aufkommen lassen und die Motivation schwächen, hier und jetzt die strengen Regeln der Gesundheitsreligion strikt einzuhalten.

Auch die anderen existenziellen Erfahrungen kommen in der Welt des Gesundheitsgläubigen nicht vor. Zu Liebe fällt der Gesundheitsreligion nur ein, was man im Frühjahr als Schlagzeile in Boulevardblättern lesen kann: Sex ist gesund! Aber ganz im Ernst: Der Geschlechtsverkehr, der petite mort, der kleine Tod, der französischen erotischen Literatur, zur Stabilisierung der Blutdruckamplitude? Das wäre das definitive Ende der Erotik! Und die Moral hat die Gesundheitsreligion komplett abgeschafft nach dem Motto: Wer heilt, hat recht. Das ist zwar etwas gefährlich für nicht heilbare Demenzkranke und schwer behinderte Kinder, aber wenn der gesunde Mensch der eigentliche Mensch ist, dann ist natürlich der definitiv nicht gesunde Mensch ein Mensch zweiter oder dritter Klasse.

Die Gesundheitsreligion ist hemmungslos. Kein Ort, keine Situation, kein Gespräch ist vor ihr sicher. Jeder Fernsehsender, der etwas auf sich hält, hat seine Gesundheitssendung, in den Nachrichten werden erbauliche Mahnungen eingestreut, das Radio berichtet, und die regelmäßigen Gesundheitsseiten in den Zeitungen haben längst tiefer gehende Reflexionen über Gott und die Welt verdrängt. Niemand kann sich der Allgegenwart von gesundheitlichen Ratschlägen entziehen. Und das wirkt unvermeidlich auf uns alle, selbst wenn wir dem galoppierenden Gesundheitswahnsinn mit ironischer Skepsis gegenüberstehen.

Die Gesundheitsreligion produziert eine höchst wirksame Fälschung der Welt. Sie bringt den Menschen nachhaltig dazu, ausschließlich auf den eigenen Body zu starren, und hindert ihn daran, den Blick auch mal nach oben oder überhaupt irgendwo anders hin zu richten. Wer mit Haut und Haaren diesem Massenwahn verfallen ist, der empfindet am Ende die wirkliche Welt, die existenzielle Welt, als leichtfertiges Hobby von Leuten, die bloß nicht in der Lage sind, tapfer ihren Laborwerten ins Auge zu schauen.

b) Das Runde muss ins Eckige

Es geht aber auch umgekehrt, dass nämlich das Hobby zum totalen Lebensinhalt wird. Für manch einen hat Fußball eine Bedeutung wie früher die Religion. Tatsächlich ist von »Fußballgöttern« die Rede, und es gibt Fans, die leben emotional im Grunde fast nur noch mit ihrem Verein. Sie betrauern tiefbetrübt die vergangene Niederlage, sie fiebern die ganze Woche über dem nächsten Spiel entgegen, all ihr Denken und Fühlen dreht sich um »ihre« Mannschaft.

Nichts gegen einen spielerischen Umgang mit einem solchen Spiel. Noch der legendäre Bundestrainer Sepp

Herberger war für seine humorvollen Kommentare bekannt: »Der Ball ist rund« und »Das Runde muss ins Eckige«. Doch heute werden Spiele mit einer allenfalls unfreiwillig witzigen Akribie so »analysiert«, dass man denken könnte, es gehe dabei um das Wohl und Wehe der Menschheit. So etwas bestärkt den auf Abwege geratenen Fußballfan in seiner verhängnisvollen Verirrung. Dabei sind die Erkenntnisse der Experten zuweilen kabarettreif: »Um das Spiel bald zu entscheiden, müssen sie zeitig ein Tor machen.«

Wenn sich beim Fußballfan aber irgendwann alles nur noch um das runde Leder dreht, wenn man nicht mehr humorvoll, sondern bloß noch bierernst über dieses Thema reden kann, wenn die schönste Nebensache der Welt definitiv zur Hauptsache geworden ist, dann ist auch der verwirrte Fußballfan in einer gefälschten Welt gelandet. Manche Ehe ist darüber zerbrochen, manche Karriere versandet, manche Freundschaft hat der Fußball schon ruiniert. Das ist dann nicht mehr lustig. Der Grund ist, dass die tiefsten Gefühle nicht mehr im wirklichen existenziellen Leben stattfinden, sondern in den künstlichen Schlachten auf dem grünen Feld der Ehre. Der Fan leidet höllische Qualen, wenn das entscheidende Tor eben nicht fällt, und er erlebt paradiesische Freuden, wenn der Abstieg vermieden, der Aufstieg gesichert oder gar die Meisterschaft erreicht ist.

Zugegeben, es ist ein humaner Fortschritt, dass identitätsstiftende Gruppenrivalitäten zwischen Nationen und Städten nicht mehr militärisch ausgetragen werden, sondern auf dem Fußballfeld, so dass in der Regel keine Toten, sondern nur mitunter Verletzte zu beklagen sind. Doch für den einzelnen Fußballfan kann die Übertreibung der Begeisterung dazu führen, dass er ganz und gar in der falschen Fußballwelt lebt und dadurch in Wahrheit sein eigentliches Leben verpasst. Für ihn ist der Sinn des Lebens am Ende rund wie ein Fußball.

Fußball wurde wie viele andere Spiele von den Engländern erfunden, und das Inselvolk neigt ohnehin dazu, aus irgendwelchen Marotten veritable Passionen zu machen, freilich nie, ohne solche höchst merkwürdigen Verhaltensweisen mit einer gehörigen Prise köstlichen britischen Humors zu würzen. Daher ist es kein Wunder, dass das so typisch britische, höchst komplizierte Cricketspiel anderen Völkern als unverständlich gilt, da denen offensichtlich die dafür erforderliche Ironie abgeht. Für echte Briten sind solche Spiele bloß müßige harmlose Lockerungsübungen für ein anstrengendes Leben. Doch andere Varianten des Homo sapiens legen bei Sport und Spiel zuweilen einen Ernst, einen Ehrgeiz, einen Erfolgsdruck an den Tag, der alles andere, was in einem Leben noch Bedeutung haben könnte, in den Schatten stellt. Nicht bloß Fußball, auch sonst keine Sportart ist vor solchen Übertreibungen sicher. Fans, die von derartigen Obsessionen erfasst werden, richten ihr ganzes Leben danach aus, sind fast nur noch an Themen rund um ihre Sportart interessiert, und die Höhepunkte eines solchen Lebens sind tatsächlich Sportevents.

Das wirkliche, das echte Leben kann man aber auch auf andere Weise verpassen. Ein übermäßiges Interesse an Musik, an der ultimativen Band, an dem angeblich einzigartigen Megastar, an der angebeteten Filmdiva, kann, wenn es nicht mehr leicht und spielerisch daherkommt, ganz ernsthaft die Prioritäten in einem Leben dramatisch verschieben.

Das eigene Ich, das eigene Leben existiert dann irgendwann nur noch in Abhängigkeit von diesen angehimmelten idealen Wesen, und am Ende lebt ein solcher Mensch in einer selbstgefälschten pseudoreligiösen Welt voller schillernder Devotionalien. Von seinem angebeteten Star weiß er bis ins letzte Detail alles und von sich selbst im Grunde nichts.

Wo soll dann noch Platz sein für wirkliche Liebe zu einem wirklichen Menschen, dem man wirklich begegnet?

c) Esoterische Plastikreligionen

All die anderen gefälschten Welten bis hin zur Gesundheitsreligion betreffen letztlich, ob wir wollen oder nicht, uns alle. Wenn Fußball und sonstige Hobbys zur Fälschung der Welt entarten, erfasst das nur einen Teil der Menschheit und glücklicherweise bei weitem nicht alle Sport- oder Musikfans. Genauso ist es auch mit den unglaublichen Plastikreligionen, den klassischen Religionen aus dem Baumarkt, den phantastischen bunten Blüten der Esoterik.

Die Welt ist unübersichtlich, und sie wird immer unübersichtlicher. Früher erzählten die überkommenen Religionen Geschichten von der Welt, die Orientierung boten oder, wie der berühmte Soziologe Niklas Luhmann das ausdrückte, die verwirrende Komplexität der Wirklichkeit so weit reduzierten, dass man einigermaßen den Überblick behielt und sinnvoll leben konnte.

Doch in Mitteleuropa gibt es da neuerdings ein Problem. Hierzulande gehören das Christentum und seine Kirchen inzwischen zu den völlig unbekannten Phänomenen. Jahrhundertelange eifernde Gegenpropaganda hat da ganze Arbeit geleistet. Außer Kreuzzügen, Hexenverfolgung und irgendwelchen Bedenken bei allem, was Spaß macht, fällt den Leuten zu diesem Thema nichts mehr ein. So sucht man anderswo nach Sinn und, gemäß dem bekannten Spruch »Wer nichts mehr glaubt, glaubt alles«, war das die große Chance der Esoterik.

Die Esoterik verfügt über eine uralte Tradition und darauf beruft sie sich auch gern. Das, was an ihr zu allen Zeiten fasziniert hat, ist ihre Behauptung, über ein exklusives, geheimes Wissen darüber zu verfügen, was hinter dieser ganzen rätselhaften Welt steckt. Schon Kinder lieben Geheimnisse und Erwachsene nicht minder. Allein weil ein Buch »The Secret« heißt, wird es in unseren Tagen ein Bestseller, obwohl nichts dafür spricht, dass irgendetwas in diesem Buch stimmt. Bereits bei den Ägyptern, den Griechen, den Römern gab es solche zusammenphantasierten Ideen, unbeweisbar und unwiderlegbar, und je komplizierter die Geschichten über diese Hinterwelt waren, je elitärer der Kreis, in dem sie verbreitet wurden, desto intensiver war der Glaube daran. Esoterische Zirkel fühlten sich als Geist-Menschen hinausgehoben über die dumme und ahnungslose Masse, nach dem attraktiven Motto: Alle sind doof, nur ich hab den Durchblick! Diese selbsternannten Durchblicker ließen sich angeblich nicht täuschen durch die Oberflächen der Dinge, sondern blickten tiefer hinter die Kulissen der Welt und hatten, wie sie glaubten, Kunde von den geheimen Kräften, die alles bewegten.

Doch für dieses berauschende Gefühl der eigenen Überlegenheit nimmt der Esoteriker in Kauf, dass die eigene Freiheit eingeschränkt wird. Je mehr er sich nämlich auf diese Lehren ernsthaft einlässt, desto mehr lebt er in einer unheimlichen Welt voller merkwürdiger Einflüsse und Energien, die er zwar – als einer der wenigen – zu durchschauen meint, aber dennoch nicht vollständig beherrschen kann. So ist er gezwungen, alle möglichen Vorkehrungen in seinem Leben zu treffen, böse Energien abzuwehren, gute zu fördern und sich selbst durch all die

Fährnisse des Schicksals hindurch einen mühevollen Weg zu bahnen.

Zwar ist die Esoterik von außen gesehen ein bunter Maskenball des Unsinns, aber für den gläubigen Esoteriker selbst ist das alles gar nicht lustig. Die esoterischen Lehren sind kompliziert, und die Angebote kann inzwischen niemand mehr wirklich überblicken. Statt Orientierung in der unübersichtlichen Welt bietet die Esoterik letztlich auch wieder nur Unübersichtlichkeit, bloß auf einer anderen Ebene. Das ist zutiefst verunsichernd, und so lebt die alte Heiden-Angst vor den Unbilden der Natur in anderem, bunterem Plastikgewand wieder auf. Dem kann man psychologisch dann nur mit besonders heftigem Glauben an besonders komplizierten Unsinn Paroli bieten. Doch komplizierter Unsinn ist auch Unsinn.

Das Angebot an solchem Unsinn ist allerdings inzwischen gigantisch. Da gibt es Geistheiler, Irisdiagnostik, Channeling und ein bisschen Buddhismus aus der Dose. Beim Rebirthing kann man seine Geburt noch mal erleben und allfällige Fehler erfreulicherweise korrigieren. Leider gibt es bisher noch keine Möglichkeiten, den Zeugungsvorgang zu reorganisieren. Auch die Anthroposophie nutzt esoterische Traditionen. Bei einer privaten Einladung kurz nach der Wende erzählte mir eine esoterisch begeisterte Frau mit strahlenden Augen: »Mein Meister denkt sich gerade eine Religion für Ostdeutschland aus.«

Fast täglich wird irgendetwas Neues erfunden oder angeblich in alten vergilbten Pergamenten gefunden. Das treibt das Geschäft an. Denn Esoterik ist inzwischen ein höchst profitabler Wirtschaftszweig, der für viel Geld heiße Luft verkauft. Wertvolles teuer zu verkaufen, dazu gehört nicht sehr viel. Aus heißer Luft ein Milliardenge-

schäft zu machen, das setzt aggressive Werbestrategien
voraus. Und so sind die Größen des Esoterikgeschäfts
nicht tief spirituelle Gestalten oder nachdenkliche Sucher,
sondern clevere coole Marketingprofis, die ihre Chance
suchen und finden. Kein Wunder, dass auch der geschäftstüchtige Pfarrer Fliege mit teurem selbstgeweihtem Wasser und Reklame für energieleitende Metallstangen von
sich reden macht.

Dennoch ist man versucht, den unglaublichen Unfug,
der da verzapft wird, als harmlosen Zeitvertreib abzutun.
Was ist schon dabei, sich Horoskope durchzulesen? Doch
man mache sich nichts vor. Wenn da steht, es sei für Lie-
besentscheidungen gerade eine schlechte Zeit oder man
werde vielleicht auf ungewöhnlichen Wegen das große
Glück erleben, dann schiebt manch einer vielleicht die geplante Ehe noch mal auf, und ein anderer nutzt die Chance zum Fremdgehen. Das kann massiven Einfluss auf die
ganze Existenz eines Menschen haben. Liebe, Gut und
Böse, der Sinn des Lebens, das alles gibt es für den ster-
nengläubigen Menschen nicht wirklich als etwas Eigen-
ständiges, denn es unterliegt der Macht der Sterne. Fatalismus, Schicksalsergebenheit und Flucht aus der eigenen
Verantwortung, in der Astrologie finden sie eine bunte
Spielwiese: Ich bin nicht fremdgegangen, die Sterne wollten das so! Ich habe dich nicht verlassen, unsere Aszen-
denten passen halt nicht zusammen! Selbst wenn jemand
eigentlich nicht an Astrologie glaubt, der angebliche Rat
der Sterne, zufällig in einer Zeitung gelesen, kann unbe-
wusst existenzielle Entscheidungen fatal beeinflussen.

Der klassischen Werbestrategie aller Esoteriker kann
man übrigens auch bei der Astrologie begegnen. Der
Astrologiemissionar bestätigt überraschenderweise die
eigenen Bedenken gegen all diesen Unsinn. Natürlich sei-
en die Horoskope in den Illustrierten völlig wertlos. Das

sei bloß billiges Amüsement fürs dumme Volk. Nur das individuelle, das »mit wissenschaftlichen Methoden« erstellte, das differenzierte Horoskop sei wirklich »seriös« und aussagekräftig. Man stimmt dem Zweifler bei seinen Zweifeln zu und lädt ihn, psychologisch geschickt, ein, zum verschworenen elitären Kreis der wirklich Wissenden zu gehören. Wer sich freilich auf diesen lockenden Weg begibt, gerät natürlich noch umfassender in die Fänge der künstlichen Heilslehre. Er verliert seine Freiheit an ein Schicksal, das andere für ihn kennen.

Für wenige Minuten bin ich übrigens selbst einmal in astrologischer Versuchung gewesen. Ich hatte bei einer Podiumsdiskussion mit einem Theologen und Astrologen zu debattieren, der zu allem Überfluss auch noch Religionslehrer war und seinen Religionsunterricht mit astrologischen Spielchen aufhübschte. Ich fand die Kombination ziemlich unappetitlich, hatte mich gut vorbereitet und alle mir zugänglichen wissenschaftlichen Argumente gegen die Astrologie und überhaupt gegen esoterische Anwandlungen aufgefahren. Ich hatte die Untersuchungen von Hans Jürgen Eysenck zitiert, der mit präzisen wissenschaftlichen Methoden astrologische Behauptungen überzeugend widerlegt hatte, und gleich auch andere abergläubische Auffassungen entkräftet, so die oft zu hörende Überzeugung, dass der Vollmond erhebliche psychische Auswirkungen habe oder Freitag der Dreizehnte ein Unglückstag sei.

Der Astrologe war zum Schluss ziemlich frustriert, vor allem als ich ihn bat, zu erraten, was ich denn bei meinem nun von ihm erlittenen Charakter aus seiner professionellen Sicht wohl für ein Sternbild hätte. Erst der zehnte Versuch traf ins Schwarze – bei insgesamt zwölf Sternbildern nicht gerade ein voller Erfolg. Und dann fuhr ich nach Hause. Schon im Flur kam mir Wasser entgegengeflossen. O Gott! Schlagartig fiel es mir ein: Morgens war das Wasser abgestellt gewesen und ich hatte vergessen, den Wasserhahn wieder zuzudrehen! Während ich schicksalsergeben in stundenlanger Arbeit meine Wohnung wieder einigermaßen trockenlegte, beschlich mich ganz kurz der Gedanke, ob sich nicht vielleicht die Sterne gerächt haben könnten und ich mich so richtig wie ein Fisch im Wasser fühlen sollte. Doch dann gab ich meinem waagen Hungergefühl nach, verspeiste in meiner krebsroten entwässerten Küche nicht einen Skorpion oder widderliches Stierfleisch, sondern mit Löwenhunger einen jungfräulichen Pfirsich und dankte dem Wassermann, der den Wasserrohrbruch repariert hatte. Anschließend schützte ich Müdigkeit vor. Von Zwillingen oder Steinböcken wollte ich nichts mehr hören und ging schlafen.

Im Grunde wundert man sich, dass Überzeugungen, von denen sich die Menschheit vor zweieinhalbtausend Jahren schon einmal erfolgreich emanzipiert hatte, heute fröhliche Urständ feiern. Ich habe tatsächlich bestallte Naturwissenschaftler kennengelernt, die leicht beschämt gestanden, sie hätten sicherheitshalber mal ein paar energiereiche Steinchen auf die Fensterbank gelegt. Doch mit guter Werbung ist alles möglich.

Christentum und Kirchen sind da keine Konkurrenz, da man ihnen beständig die Untaten ihrer zweitausendjährigen Geschichte vorhält. Die Esoterik dagegen präsentiert sich, was dunkle Seiten betrifft, völlig geschichtslos. Sie wird für überhaupt nichts verantwortlich gemacht. Man weiß zwar, dass Hitler sich intensiv mit Esoterik befasst hat. Seine Privatbibliothek, die in Washington aufbewahrt wird, ist reich an esoterischer Literatur, und es wird angenommen, dass solche Ideen ihn natürlich bei seinen Verbrechen mehr beeinflusst haben als sein bekannter Vegetarismus. Doch all das wird nicht der Esoterik angelastet, und auch durch Esoterik verpfuschte Lebensgeschichten fallen merkwürdigerweise nicht auf sie zurück. So konnte die Esoterik in die Marktlücke vorstoßen, die die christlichen Kirchen hinterlassen hatten. Esoterik wird öffentlich mehr oder weniger unangefochten als irgendwie interessante Auffassung dargeboten, der in der Talkshow natürlich niemand offen widerspricht, denn: Man wird doch wohl tolerant sein! Obwohl die Zahl wirklich überzeugter Esoterikanhänger sicher nicht überwältigend groß ist, erreicht die Esoterik dennoch auf diese Weise mangels öffentlichkeitswirksamer Konkurrenz geradezu einen Monopolanspruch auf Weltdeutung.

Gegenüber traditionellen Religionen gibt es gesellschaftlich mit der Esoterik noch ein besonderes Problem. Die Esoterik ist völlig egoistisch, sie kennt keine sozialen Rücksichten. Den Esoteriker interessiert nur sein persönliches Horoskop, seine persönliche Zukunft, sein eigener Vorteil.

Die Esoterik fälscht die Welt. Sie bietet sinnsuchenden Menschen selbstgebastelte Antworten, die den Horizont so komplett verstellen können wie die gigantischen Kulissen in der Welt des Truman Burbank. Doch in einer existenziellen Lebenskrise erweisen sich diese Plastikantworten als nicht wirklich tragfähig. Die Wände der esoterischen Welt sind aus Pappe und die phantasievoll bemalten bunten esoterischen Papierflugzeuge können keine Lasten tragen. Bei wirklichem Leid stürzen sie ins Bodenlose ab, ja sie sind sogar von unbändiger Freude völlig überfordert. Die Esoterik kennt keinen Trost, sie kennt kein Mitleid, sie kennt nur Fatalismus. Der Esoteriker lebt am Ende einsam in einem nach vergleichsweise schlichten Gesetzen pulsierenden kalten Weltall, das ihn emotionslos anblickt wie ein Glasauge, hinter dem es keine Person gibt.

Und als kleiner Winzling, der ja nicht die allmächtigen Sterne aus ihrer ewigen Bahn werfen kann, bemüht er sich wenigstens mit kleinen Tricks aus dem esoterischen Zauberkasten, dem Schicksal ein Schnippchen zu schlagen. Doch das ist eine Illusion. Schon in Goethes »Faust« ätzt Mephistopheles:

»Wie sich Verdienst und Glück verketten, das fällt den Toren niemals ein.

Wenn sie den Stein der Weisen hätten, der Weise mangelte dem Stein.«

Der Preis, den der Esoteriker zahlt, ist ein verengter Blick auf die Welt. Ihm entgeht, wenn er ganz in seinen Systemen gefangen ist, dass hinter all den uns beeinflussenden Welten nicht, wie er wähnt, etwas heimlich Durchschaubares liegt, sondern etwas undefinierbar Ergreifendes. Eingefleischte Esoteriker haben durch all das angebliche Wissen das Staunen verlernt. Auf diese Weise laufen sie Gefahr, durch die Befassung mit ihren verquasten Lehren das eigentliche Leben zu verpassen. Denn wer seine Partnerin nach solchen Kriterien aussucht, wird kaum erfahren, was Liebe wirklich ist. Wem der Sinn des Lebens bloß eine mystische Gleichung ist und für wen das Schicksal so übermächtig ist, dass dagegen weder Gut noch Böse eine Chance haben, dem entgeht das Entscheidende seines einmaligen existenziellen Lebens, er wird blind für die Realität.

Im Jahre 1635 reiste ein Inquisitor der Römischen Inquisition als Begleiter eines Kardinals nach Deutschland. Je länger die Reise dauerte, desto mehr wuchs das Entsetzen der beiden. Denn was sie da sahen und hörten, das war der reine Aberglaube. Eine dumpfe Volkswut hatte sich auf gewisse Frauen gestürzt, die man als Hexen bezeichnete und die dann in tumultuarischen Verfahren auf den Scheiterhaufen gebracht wurden. Dieser germanische Furor widersprach nach Auffassung der beiden feinsinnigen und gebildeten italienischen Theologen allen christlichen Prinzipien. Hexenglaube war germanischer Aberglaube, die Spanische Inquisition hatte mit Strenge jede Hexenverfolgung unterbunden. Doch in Deutschland gab es niemanden, der dem barbarischen Hexenwahn Einhalt gebot. Erschüttert kehrten die beiden nach Rom zurück.

Das Christentum hatte damals nicht zum ersten Mal Probleme mit Aberglauben und esoterischen Lehren. Schon in den ersten christlichen Jahrhunderten waren immer wieder Leute aufgetreten, die behaupteten, die Erlösung gebe es nur wirklich, wenn man über christliches Geheimwissen verfüge, das nicht jedem zugänglich sei. Gnostiker nannte man später solche Leute. Die Gnosis war zweifellos die größte Gefährdung des frühen Christentums. Den Verlockungen, zu einem neuen elitären Mysterienkult zu werden, gaben die Christen jedoch nicht nach. Ihre heiligen Schriften verboten ihnen das. Die dort niedergelegten Lehren Jesu Christi liefen geradezu auf das Gegenteil hinaus. Vor allem der berühmte erste Johannesbrief war ein Befreiungsschlag gegen jeden, der lehren wollte, man könne durch Wissen, durch bloßes Erkennen erlöst werden:

»Brüder und Schwestern, wir sollen einander lieben, denn die Liebe ist aus Gott und jeder, der liebt, ist aus Gott gezeugt und kennt Gott. Wer nicht liebt, hat Gott nicht erkannt, denn Gott ist die Liebe.«

Christen sind keine Gnostiker, sondern von ihren frühesten Zeiten an in gewisser Weise A-Gnostiker. Sie glauben nicht an ein Wissen, sondern an eine Person, sie glauben nicht an eine Lehre, sondern an eine Botschaft, und die Bibel ist eine einzige Warnung vor Leuten, die behaupten, exklusiv den Durchblick zu haben.

III.
Finale

1.
Die Vergewaltigung der Geschichte – Was kümmert mich mein Geschwätz von gestern?

Ist die Geschichte von dem römischen Inquisitor wahr oder falsch? Vielleicht haben Sie sich das gefragt, lieber Leser, denn im Grunde scheint es doch ganz unglaublich, dass ausgerechnet ein Mitglied der Inquisition sich gegen Hexenverbrennungen ausspricht, ein Mitglied jener sinistren Behörde, die landauf, landab Tausende von Menschen auf dem Gewissen hatte, die die Lichtgestalt moderner Wissenschaft, Galileo Galilei, einkerkerte. Und war nicht ohnehin die katholische Kirche verantwortlich für die Kreuzzüge, die perverse Sittenlosigkeit eines Papstes Alexander VI. und zugleich für die merkwürdigen Auswüchse einer vormodernen Sexualmoral?

Es ist nicht einfach, dazu sachlich Stellung zu nehmen. Denn diese Überzeugungen sind nicht nur auch bei historisch ansonsten völlig uninteressierten Menschen weit verbreitet, sie gehören sozusagen zu den tragenden Grundfesten der allgemein herrschenden Welt-Anschauung. Wer diese Auffassungen über die Kirche vertritt, erwartet keine Antwort oder gar Widerspruch, er erwartet Bestätigung. Wer sie dagegen auch nur in Ansätzen bezweifeln würde, liefe Gefahr, nicht rationale, sondern emotionale Reaktionen auszulösen, so wie jemand nicht seelenruhig von oben zusehen würde, wie ihm ein anderer das Kellergeschoss seines Hauses zertrümmert. Alle diese Überzeugungen sind also fester unbezweifelbarer

Bestandteil im Empörungshaushalt unserer Gesellschaft, sie gehören zu ihrer Identität.

Was aber, wenn tatsächlich diese oben genannten weit verbreiteten Vorurteile – von vorne bis hinten falsch wären? Was, wenn sie einer nüchternen historischen Überprüfung gar nicht standhielten? Und wenn sich das tatsächlich so herausstellen würde, woran könnte es um alles in der Welt liegen, dass sie sich dennoch so allgemeiner Wertschätzung erfreuen? Vor allem aber, was wären die Konsequenzen einer solchen verblüffenden Entdeckung?

Machen wir es möglichst kurz: Die Geschichte von dem römischen Inquisitor stimmt, und dieser später zum Kardinal beförderte Francesco Albizzi war mit seiner Haltung kein flippiger Außenseiter in seinem Büro, sondern er repräsentierte den nüchternen Geist dieser Behörde. Wo die Inquisition Einfluss hatte, gab es keine Hexenverfolgung. Die Forschung ist sich inzwischen darüber im Klaren, dass Hexenverfolgung ein mitteleuropäisches und da insbesondere ein deutsches Phänomen war, dass sich Katholiken und Protestanten dabei gleichermaßen schuldig machten, und es war vor allem die weltliche Gerichtsbarkeit, die die Verfahren vorantrieb. Dennoch luden die Römische und die Spanische Inquisition mit der gegen alle Prinzipien der frühen Kirche verstoßenden Aburteilung von Häretikern Schuld auf sich, auch wenn es eben nicht »Tausende«, sondern, wie wir den heute offenen Archivalien entnehmen können, bei der Römischen Inquisition in 260 Jahren 97 (etwas mehr als die 84 Ketzertötungen im gleichen Zeitraum allein im protestantischen Zürich) und bei der nicht dem Papst, sondern dem spanischen König unterstehenden Spanischen Inquisition im gesamten spanischen Weltreich, in den 160 Jahren von 1540 bis 1700, 826 Todesurteile waren.

Es war die antispanische sogenannte »Legenda nera«, die schwarze Legende, die daraus Tausende, ja Millionen und übrigens auch aus Papst Alexander VI. Borgia, einem Spanier, einen Wüstling machte, obwohl doch auch seine italienischen unmittelbaren Vorgänger und Nachfolger Kinder hatten. Und diese antispanische Propaganda verschwieg tunlichst, dass der spanische Papst durch den Vertrag von Tordesillas, der die Welt in Interessensphären zwischen Portugal und Spanien aufteilte, einen womöglich hundertjährigen Krieg zwischen den beiden waffenstarrenden, expandierenden Seemächten verhinderte.

Die schwarze Legende ist eine mit politischer Absicht verbreitete antispanische Propagandaerfindung, eine groteske Geschichtsfälschung, die immer noch wirkt. Noch heute preisen in Rom die Reiseführer Papst Julius II., einen kinderreichen, kleinlichen, kriegerischen Duodezfürsten, bloß weil er der Mäzen des Michelangelo war, dem er im Übrigen in Wahrheit fast nur Scherereien bereitete. Aber er war eben Italiener. Der friedliebende Spanier Alexander VI. ist bloß gut für die von seinem hexengläubigen kleingeistigen Sekretär Johannes Burckard frei erfundenen absurden Sexgeschichten. Aber dieser Papst war eben Spanier. Im Übrigen war die katholische Kirche im Gegensatz zu Puritanern und anderen stets ausgesprochen sexualfreundlich. Das wissen aber hierzulande heute noch nicht einmal mehr die meisten Katholiken.

Geschichtsfälschungen sind besonders langlebig. Das beste Beispiel dafür ist Galileo Galilei. Gehen Sie in eine beliebige Fußgängerzone und fragen Sie die Menschen nach Galileo, ich garantiere Ihnen, so gut wie alles, was Sie zu hören bekommen, wird falsch sein. Zitieren wir der Kürze halber den Helden der Deutschen Gesellschaft für Humanes Sterben, den jüdischen Schriftsteller Arthur Koestler:

»Im Gegensatz zu dem, was in den meisten Darstellungen des Werdegangs der Naturwissenschaften zu lesen steht, erfand Galilei das Teleskop nicht, ebenso wenig wie das Mikroskop, das Thermometer oder die Pendeluhr. Er entdeckte weder das Trägheitsgesetz noch das Kräfte- oder Bewegungsparallelogramm, noch die Sonnenflecken. Er leistete keinen Beitrag zur theoretischen Astronomie; er warf keine Gewichte vom Schiefen Turm zu Pisa und bewies die Richtigkeit des kopernikanischen Systems nicht. Er wurde von der Inquisition nicht gefoltert, schmachtete nicht in ihren Verliesen, sagte nicht ›und sie bewegt sich doch‹ und war kein Märtyrer der Wissenschaft.«

Das ist immer noch in etwa der heutige Stand der Forschung. Warum zum Teufel aber prägen immer noch all jene längst widerlegten Klischees mit großer Hartnäckigkeit das Bild der katholischen Kirche? Warum kann man das nicht einfach sachlich und emotionslos als falsch widerlegen und zur Tagesordnung übergehen?

Das hat sozialpsychologische Gründe. Die Gesellschaft braucht dieses Klischee. Gerade die früher so autoritätshörigen Deutschen haben sich verständlicherweise besonders gründlich auf den »Weg zur vaterlosen Gesellschaft« (Alexander Mitscherlich) begeben. Die Väter selbst, nach Freud Repräsentanten für die Geschichte und die Normen einer Gesellschaft, verweigern ihre Rolle als pubertäres Protestobjekt, und noch nicht einmal gegen so etwas wie »Vater Staat« kann man verlässlich demonstrieren wie noch 1968, da sich heute schlimmstenfalls die betroffenen Politiker nach Lektüre einiger Umfrageergebnisse der Demonstration gegen sich selbst anschließen werden.

Emanzipatorischer Protest aber schafft Identität. Wohin also mit dem so notwendigen, aber nicht gelebten

Protest, mit dieser unbändigen Wut gegen »die da oben«? Und da gibt es in dieser Gesellschaft sozialpsychologisch gesehen nur noch eine einzige widerständige protestable Institution: die katholische Kirche. Selbst wer aus Protest aus der evangelischen Kirche austrat, begründete das in den neunziger Jahren statistisch gesehen vor allem mit Papst, Zölibat und dem damaligen Umgang mit Eugen Drewermann. Um als Protestobjekt tauglich zu sein, muss das öffentliche Bild dieser Kirche das verlässliche Gegenbild dessen sein, worauf man selbst stolz ist, also am besten: sexualverbietend, fortschrittsfeindlich, irrational. Und so saugt man begierig auf, was zu diesem Klischee zu passen scheint, und reagiert aggressiv auf alles, was einem, und sei es mit noch so seriösen wissenschaftlichen Argumenten, dieses psychologisch so notwendige Bild kaputt zu machen droht.

Es gibt noch einen zweiten sozialpsychologischen Grund, der das starre Negativklischee der katholischen Kirche erforderlich macht. Nach Freud ist ja der Vater auch Repräsentant der Geschichte einer Gesellschaft. Und da haben die Deutschen bekanntlich ein Problem. Teile dieser Geschichte waren ein einziger Horror. Doch stillschweigend haben sie eine brillante Lösung gefunden, und die geht so: Das Gute in der deutschen Geschichte, das waren Deutsche: Schiller, Goethe, Meister Eckhart – alles Deutsche! Das Böse dagegen, das waren wir gar nicht: Das war die katholische Kirche!

Der deutsche katholische Dominikaner Meister Eckhart, großer Mystiker und Schriftsteller, war natürlich hauptamtlich Deutscher und nur nebenamtlich katholisch, der deutsche katholische Dominikaner Institoris dagegen war selbstverständlich hauptamtlich katholisch und nur nebenamtlich deutsch – denn er hat den »Hexenhammer« verfasst.

Die Kreuzzüge, um auch dieses Thema noch kurz zu streifen, waren ein höchst problematisches Projekt unter der Leitung von deutschen Kaisern und europäischen Königen. Deutsche haben dabei schreckliche Greueltaten verübt. Doch kein deutscher Bundespräsident stellt sich diesem Thema, denn es gilt das Motto: Kein einziger Deutscher hat sich an den Kreuzzügen beteiligt, es waren alles Katholiken!

Es käme auch kein Präsident des Bundesverfassungsgerichts auf die Idee, die Hexenverfolgungen als einen furchtbaren Irrweg weltlicher deutscher Gerichtsbarkeit zu beklagen, und der Oberbürgermeister der Stadt Nürnberg hat sich noch nie für die 939 brutalen Hinrichtungen entschuldigt, die in der Freien Reichsstadt in den 240 Jahren zwischen 1503 bis 1743 stattfanden. Darauf angesprochen, würden sie alle Zeitbedingtheit in Anschlag bringen und zur Tagesordnung übergehen. Für die Kirche aber gibt es da keine Tagesordnung.

Als Papst Johannes Paul II. im Jahre 2000 in Yad Vashem war, an der Holocaust-Gedenkstätte in Israel, fand der alte kranke Mann Worte, die in aller Welt zu Herzen gingen. Nur in Deutschland warfen ihm einige vor, er hätte sich klarer und deutlicher für den Holocaust entschuldigen müssen. Man stelle sich vor: Der polnische Papst, selbst Opfer deutscher Okkupation, wird von Deutschen aufgefordert, sich für deutsche Schuld eindeutiger zu entschuldigen! Doch sozialpsychologisch ist das ohne weiteres verständlich.

Eines Tages nahmen wir einen Patienten auf, der vor Jahren seine Frau umgebracht hatte. Das Ganze war eindeutig bewiesen. Es hatte eine Gerichtsverhandlung und ein Urteil gegeben. Doch der Patient, der eine künstliche höfliche Fassade an den Tag legte, bestand so heftig darauf, dass das nicht stimmte, dass wir eigens selbst noch mal die Akte einsahen. Gut-Böse-Spaltung nennt die Psychoanalyse ein solches krankhaftes Phänomen, bei dem der Patient die unangenehmen Teile seiner Lebensgeschichte von sich abspaltet, als gehörten sie nicht zu ihm. Doch dieses Verdrängte rumort in ihm, es lässt ihn aggressiv reagieren, wenn jemand daran rührt, und so nimmt es ihm die Freiheit, unbefangen er selbst zu sein.

Die Gut-Böse-Spaltung ist auch für eine Gesellschaft in Wirklichkeit keine gute Idee. Sie produziert eine zerbrechliche künstliche Identität, die einen bösen Feind nötig hat, um sie selbst zu sein. Ihr Preis aber ist das gewaltsame Festhalten an einer gefälschten Geschichte.

Die Fälschung der Geschichte des Christentums aus sozialpsychologischen Gründen, die ritualisiert immer wieder dieselben wenigen Themen betrifft, geschieht nicht mit böser Absicht, aber sie macht den Zugang zu den spirituellen Quellen Europas unmöglich. Die herrschende Karikatur des Christentums und dabei vor allem der katholischen Kirche schließt eine ernsthafte Befassung damit für den aufgeklärten Zeitgenossen aus.

Geschichtsfälschungen haben nicht immer diesen verkrampften Charakter. Es gibt sie auch ganz locker und strahlend, zumal wenn sie von den Siegern geschrieben werden. Der bis heute hochgelobte Kaiser Augustus hat keine Gelegenheit versäumt, seine Taten preisen zu lassen. In Wirklichkeit hat er nicht ohne Grausamkeit seine Macht befestigt, und niemand kann wissen, ob nicht vielleicht doch eine weiterbestehende Römische Republik der Weltgeschichte weniger dumme caesarische Autokraten und mehr geistreichen Frieden beschert hätte. Der grausame Kaiser Caracalla, der heute noch für seine gigantische Thermenanlage in Rom bewundert wird, hat die alte römische Fälschungstradition der Damnatio Memoriae, der Vernichtung der Erinnerung, wiederaufleben lassen, indem er den Namen seines Mitkaisers und Bruders Geta kurzerhand aus allen Inschriften wegmeißeln ließ. Er hatte Gründe. Denn er hatte diesen Bruder unappetitlicherweise in den Armen der gemeinsamen Mutter persönlich erdrosselt.

Christentum und Kirche waren freilich nicht bloß Objekte der Fälschung. Sie haben bei Gelegenheit auch eifrig mitgefälscht. Die Konstantinische Schenkung behauptete, dass der Kaiser Konstantin auf dem Sterbebett das ganze Römische Reich freundlicherweise dem Papst geschenkt habe. Diese Fälschung kam wohl erstmals im 8. Jahrhundert auf, als der Frankenkönig Pippin dem Papst tatsächlich den Kirchenstaat schenkte. Die Fälschung bot den offensichtlichen Vorteil, dass der Papst für die Pippinsche Schenkung gar nicht mehr richtig danke sagen musste, denn das gehörte ihm offenbar von Rechts wegen ja ohnehin schon alles, dass außerdem später selbstverständlich nur ihm die Verleihung der Kaiserkrone zustand und er sich überhaupt für alle Zeiten ein Vorrecht vor dem Kaiser zusprechen konnte.

Unter Werbegesichtspunkten ist die antispanische »Legenda nera« wahrscheinlich die erfolgreichste Geschichtsfälschung aller Zeiten. Wenn man über die schrecklichen Untaten der Europäer an den Indianern hört, sind das Thema immer die Spanier, die tatsächlich höchst grausam gegen die Indios vorgingen. Niemand spricht über die Engländer und die Holländer. Im Gegensatz zu den Spaniern, die nach päpstlichem Entscheid die Indianer als gleichberechtigte Menschen zu respektieren hatten, sich mit ihnen durch Heiraten vermischten und bei denen es durch Las Casas und andere ausführliche Debatten zugunsten der Menschenrechte der Indianer gab, lehnten die Engländer und Holländer jegliche Vermischung mit den »Wilden« ab, vernichteten die in ihren Territorien befindlichen Einheimischen fast vollständig, bis dann der Rest in Reservate gesperrt wurde. Das wäscht natürlich die Spanier nicht rein, die noch im 18. Jahrhundert geldgierig den blühenden Indianerstaat der Jesuiten in Paraguay plattmachten. Bei Arnold Angenendt, der in seinem brillanten Werk »Toleranz und Gewalt – Das Christentum zwischen Bibel und Schwert« historisch seriös und wo nötig auch kirchenkritisch all die das Christentum betreffenden Fälschungen aufdeckt, kann man dazu Genaueres nachlesen.

Dann ist da der hochgelobte Friedrich der Große, der – bei allen Verdiensten – für seinen brutalen Einmarsch ins friedliche Schlesien keine besseren Gründe hatte als Saddam Hussein für seinen Überfall auf Kuweit. Da ist die Französische Revolution, die – bei all ihren Verdiensten – in wenigen Jahren etwa gleich viel unschuldige Menschen gemordet hat wie die über 450 Jahre in Europa wütenden grausamen Hexenverfolgungen zusammen. Da ist Napoleon, der – bei all seinen Verdiensten – durch den völlig unsinnigen Marsch auf Moskau mit seiner Grande Armee rücksichtslos eine ganze Generation junger Europäer in den Tod trieb. Da ist Otto von Bismarck, der – bei all seinen Verdiensten – als zynischer Machtpolitiker über Leichen gehen konnte. Da ist der amerikanische Präsident Harry Truman, der – bei all seinen Verdiensten – auf den maßlosen japanischen Angriff auf die amerikanische Pazifikflotte in Pearl Harbour mit dem maßlosen Abwurf der Atombomben auf Hiroshima und Nagasaki reagierte, was mehr als 200 000 Tote kostete.

Die weitgehend schattenlose Wahrnehmung dieser Personen und Ereignisse gehört sozialpsychologisch zur

Identität ihrer Nationen, auch wenn aus diesen Nationen selbst die besten wissenschaftlichen Beiträge zur Relativierung solcher Helden kommen. Und auch die Zeitgeschichte steuert spektakuläre Fälschungen bei: Die »Massenvernichtungswaffen Saddam Husseins« waren freie Erfindungen, die aber im Ergebnis Tausende Kriegstote kosteten. Da gibt es dann aber auch die merkwürdige UdSSR- und DDR-Nostalgie, die die Geschichte dieser beiden Terrorregime in falschem rosigem Licht zeichnet. Auch da sind es psychologische Gründe, die zu den Fälschungen führen. Es ist für manche Menschen einfach unerträglich, sich einzugestehen, dass man nicht bloß für eine gewisse Zeit, sondern fast sein ganzes Leben lang in einer falschen Welt gelebt hat. Da fälscht man sich lieber die Geschichte, damit es nicht so weh tut. Die rechte Szene fälscht sich sogar aus dem Verbrecher Adolf Hitler einen martialischen Gutmenschen.

Das alles sind mehr oder weniger gefährliche oder harmlose Fälschungen und Verbiegungen der Geschichte. Sie vernebeln den Zugang zu unserer gesellschaftlichen Vergangenheit und irritieren dadurch unsere Identität. Das muss nicht in jedem Fall schlimm sein, die eine unbezweifelbar wahre Geschichte könnte niemand schreiben, und man kann außerdem nicht von morgens bis abends geschichtsschwanger durch die Gegend laufen. Bekannt ist das Bonmot von Konrad Adenauer: »Was kümmert mich mein Geschwätz von gestern.« Doch eines ist klar: Ein Patient, der überhaupt nicht mehr weiß, wer er ist und woher er kommt, ist schwer krank.

»Was Ihr den Geist der Zeiten heißt, das ist im Grund der Herren eigner Geist, in dem die Zeiten sich bespiegeln«, sagt Faust in Goethes Weltgedicht. Die Herren der totalitären Ideologien haben die Geschichte systematisch gefälscht. Der real existierende Sozialismus hatte seinen »historischen Materialismus« und der Nationalsozialismus seinen »Mythus des 20. Jahrhunderts«. Und so rücksichtslos wie diese Ideologien mit gegenwärtigen Menschen umgingen, so vernichtend war auch ihre Geschichtsschreibung, in der ein erfundener ewiger Kampf zwischen immer denselben Guten und immer denselben Bösen tobte. Dagegen bemühen sich seriöse Wissenschaftler, nicht bloß eine Geschichte von Ideen, sondern von konkreten Menschen zu schreiben, das Historische als Historisches zu respektieren und nach Möglichkeit nicht leichtfertig mit vorgefassten Meinungen das Eigentliche des historischen Ereignisses ideologisch niederzumachen. Das gelingt nie vollständig, denn jede Zeit hat ihren eigenen Blick auf die Geschichte. Doch schon die Bemühung darum, auch gestorbenen Menschen gerecht zu werden, ist ein Akt der Humanität.

Freilich ist die Geschichtswelt, selbst wenn sie korrekt beschrieben wird, auch eine Welt, in der die existenziellen Erfahrungen des Menschen unmittelbar nicht vorkommen. Zwar beschreiben die heiligen Bücher der Völker geschichtliche Taten Gottes oder der Götter. Doch das professionelle Instrumentarium des Historikers ist blind für das Phänomen Gott. Es ist bloß imstande, zu beschreiben, worin die Menschen den Sinn ihres Lebens sahen und wie sie sich zu Gott oder den Göttern verhalten haben. Der Historiker kann die Existenz Gottes nicht beweisen oder widerlegen.

Auch existenzielle Liebe ist in der Geschichte allenfalls ein irritierender Störfaktor. Man geht davon aus, dass die Liebe Caesars und später Marc Antons zur Ägypterin Kleopatra am Ende beide Männer zugrunde gerichtet hat. Heinrich VIII. von England, der gerade noch wegen einer heftigen Streitschrift gegen Martin Luther vom Papst den

Ehrentitel »Defensor Fidei« erhalten hatte, nahm den Bruch mit Rom in Kauf, um die leidenschaftlich geliebte Anne Boleyn erst in sein Bett und später dann aufs Schafott zu zerren. Und der englische Zehnmonatskönig Edward VIII. verzichtete auf die Krone, um seiner nicht standesgemäßen, aber heißgeliebten Frau ins Exil zu folgen. Mag auch ein Historiker eine Passion für irgendeine historische Figur entwickeln, wirklich existenziell begegnen kann er ihr beim besten Willen nicht. Für den Historiker ist Liebe letztlich ein ziemlich unordentliches Gefühl, das alles durcheinanderbringt.

Und auch Gut und Böse erschließt sich dem Historiker nicht wirklich. Sein Job ist es im Gegenteil, all das genau darzulegen, was die Freiheit eines Menschen, gut und böse zu handeln, einschränkt, die politischen, wirtschaftlichen und sozialen Bedingungen, in denen die Menschen lebten, die persönliche Lebensgeschichte der historisch Handelnden, ihre Leidenschaften und Obsessionen. Die existenzielle freie Entscheidung eines Menschen zwischen Gut und Böse selbst liegt für den Historiker letztlich jenseits seiner Kompetenz. Das kann dann auch zu Missverständnissen führen. Als Joachim Fest seinen glänzenden Film »Hitler – Eine Karriere« in die Kinos brachte, in dem er auf der Grundlage historischer Forschung sehr feinfühlig analysierte, wie harmlos das alles anfangs wirkte und wie subtil die Menschen dann mehr und mehr in das totalitäre System hineingezogen wurden, da gab es Einzelne, die das für eine Verharmlosung Hitlers und des Nationalsozialismus hielten. Man verwechselte das wissenschaftliche Bemühen, zu verstehen, mit plumper Entschuldigung.

Nicht nur die Vergewaltigung der Geschichte durch totalitäre Diktaturen, nicht bloß ihre Verklumpung in sozialpsychologisch verständliche Klischees fälscht die

Welt, sondern auch die seriöse wissenschaftliche Geschichtsforschung präsentiert eine Welt, in der Wesentliches fehlt. Wenn auch in dieser Welt Liebe, der Sinn des Lebens und Moralität prinzipiell nicht wirklich vorkommen, dann verstärkt der historische Blick auf die Welt die Illusion einer existenziellen Leere, die in Wahrheit aber gar nicht vorliegt. Denn auch der Historiker ist ein Mensch, der liebt, moralisch handelt und für den die Frage nach dem Sinn des Lebens natürlich erheblich wichtiger ist als das exakte Datum der Schlacht bei Austerlitz.

So ist auch die Welt der Geschichte eine künstliche Welt, und der Historiker ist wie der Anatom, der die Leiche eines Menschen kunstfertig seziert, der alle Zusammenhänge von Knochen, Muskeln und anderen Geweben genau untersucht, dem aber das Entscheidende, das wirkliche Leben dieses einmaligen Menschen, nicht mehr zugänglich ist.

Die Fälschungen der Geschichte, von denen die Rede war, führen aber noch zu einem viel beunruhigenderen Problem. Jeder Mensch ist der, der er ist, durch seine eigene Geschichte. Von den Eltern oder anderen wichtigen Menschen hat er als Kind Liebe, Moralität und eine Ahnung vom Sinn des Lebens mitbekommen. Selbst wenn er später andere Wege gegangen ist, das, was ihm damals mitgegeben worden ist, ist nicht bloß psychologisch, sondern vor allem existenziell prägend für das ganze Leben. Selbst die absurdesten Karikaturen des Weihnachtsfestes leben von jenem Heimatgefühl, von dem es am Ende von Ernst Blochs »Prinzip Hoffnung« heißt: »... so entsteht in der Welt etwas, das allen in die Kindheit scheint und worin noch niemand war: Heimat.« Wenn Menschen schlagartig ihr gesamtes Gedächtnis verlieren, ist das deswegen zutiefst verstörend. Wer überhaupt nicht mehr weiß, woher er kommt, kann auch nicht mehr wissen, wohin er will.

Das gilt aber auch für Gesellschaften. In ihnen ist trotz aller Irrungen und Wirrungen, trotz aller notwendigen Weiterentwicklungen und Aufklärungen ein jahrtausendealtes Wissen über das, was im Leben des Menschen wirklich wichtig ist, aufgehoben. Es ist ein Zeichen für die Gesundheit einer Gesellschaft, wenn ihr diese Quellen zugänglich sind. Gesellschaften, die sich neu ausrichten, tun das nicht selten unter Rückgriff auf ihre historischen Erinnerungsbestände. Nach dem Ende der autokratischen Diktaturen in Nordafrika besinnt man sich in den Ländern des arabischen Frühlings auf den Islam, um irgendwie aus ihm einen aussichtsreichen politischen Aufbruch zustande zu bringen, nach dem Ende der Militärdiktaturen Lateinamerikas besinnt man sich auf die indianischen Ursprünge, um die Eigenständigkeit der neuen politischen Bewegungen zu sichern, und auch in China lebten beim Neuaufbruch die alten konfuzianischen Traditionen wieder auf.

Doch in Europa ist das anders. Die drastischen Fälschungen der Geschichte, von denen die Rede war, haben die religiösen Wurzeln gekappt, aus denen Europa erwachsen ist. Wer einmal verfolgt hat, wie viel Unsinn allein in einem nur halbjährigen Wahlkampf über eine Partei von ihren Gegnern verbreitet wird, den wird es nicht weiter wundern, dass jahrhundertelange Kampagnen gegen Christentum und Kirche, gegen Katholiken und Protestanten ganze Arbeit geleistet haben. Daher ist das Christentum in Europa keine ernsthafte Option. Und so haben die Europäer auf der Suche nach dem Sinn des Lebens die Orientierung verloren. Als spirituelle Geisterfahrer ohne Woher und Wohin sind sie zutiefst verunsichert und anfällig für jeden Hokuspokus. Sie basteln sich eine höchstpersönliche Patchwork-Religion zusammen mit ostasiatischen Schnittblumen und dem, was sonst noch auf dem Markt ist. Das ist eine persönliche Katastrophe, weil so etwas in existenziellen Krisen im Ernst niemanden wirklich trägt. Es ist aber auch ein gesellschaftliches Problem. Gregor Gysi hat neulich bekannt, er sei Atheist, aber er habe Angst vor einer gottlosen Gesellschaft, weil der die Solidarität abhandenkommen könne. Sozialismus sei schließlich nichts anderes als säkularisiertes Christentum.

Die tiefe existenzielle Verunsicherung durch die Fälschung der Geschichte macht viele Menschen heimatlos und auf diese Weise zu umso leichteren Opfern all der anderen Fälschungen der Welt, von denen oben die Rede war. Denn entlarven kann man diese machtvollen Fälschungen nur, wenn man für sich selbst einigermaßen klar hat, wo man herkommt, wo man eigentlich steht und was die existenzielle Welt, was also Liebe, was Gut und Böse und was der Sinn des Lebens wirklich ist. Die Ideologen wussten das immer schon. Deswegen haben sie ihre Fälschungen der Welt immer auch mit einer Geschichtsfälschung begleitet, damit nicht aus der wirklichen Geschichte die Kräfte aufstehen können, die ihre menschenverachtenden Konstruktionen als einen einzigen zynischen Bluff entlarven.

2.
Entdeckungen –
Das wirkliche Leben und
die wahre Welt

Im amerikanischen Science-Fiction-Film »Matrix« ist die Erde von Maschinen erobert, die den Menschen eine künstliche Welt vorgaukeln, eine »computergenerierte Traumwelt«, um ihnen in Wirklichkeit die Freiheit zu rauben und in komplizierten Melkmaschinen buchstäblich alle Kräfte auszusaugen. Die Welt existiert bloß als Simulation, und Milliarden Menschen leben, eingelullt in die angenehmen Eindrücke dieser gefälschten Welt, gleichgültig vor sich hin. Als dann doch einige aufbegehren gegen diese machtvollen Manipulationen, heißt es am Ende auch hier: »Ich kann dir nur die Tür zeigen, durchgehen musst du selber.«

Die Fälschung der Welt, von der in diesem Buch die Rede ist, ist keine Fiktion, sondern sie ist reale Gegenwart, kein Stoff für einen Actionfilm, sie ist viel subtiler als die »Matrix« und doch in ihrer Wirkung nicht weniger dramatisch. Wenn uns nur diese kurze Zeit von unserer Geburt bis zu unserem Tod zur Verfügung steht, dann wäre es natürlich eine wirkliche Katastrophe, wenn uns in dieser Zeit unser unverwechselbares eigentliches existenzielles Leben aus Versehen entgehen würde, weil wir gutgläubig auf all die machtvollen Fälschungen der Welt hereinfallen, die sich uns Tag für Tag aufdrängen.

Freilich können wir auch nicht so ohne weiteres aus all diesen wichtigtuerischen Welten aussteigen. Uns steht keine Tür offen, wie Truman Burbank oder den »Matrix«-Bewohnern. Unentrinnbar leben wir in diesen Welten. Und trotz aller böswilligen Fälscher, die da geschäftstüchtig am Werke sind, das große Welttheater hat ja zweifellos auch sein Gutes. Wer wollte die Segnungen der Wissenschaften missen, die uns die Augen geöffnet haben für die Weite der Welt, wer wollte auf die vielen Hilfen der Psychologie verzichten, die Leid lindern und Hoffnung geben, wer wollte nicht die große Leistung der Medien preisen, die unsere Freiheit verteidigen und mehr Verbindung unter den Menschen ermöglichen, wer wüsste nicht auch um die Verdienste moderner Finanzwirtschaft für unser aller Wohlstand, ganz zu schweigen von den bewundernswerten Höchstleistungen medizinischen Fortschritts, und wer wäre schließlich nicht all den unermüdlichen Historikern dankbar für das umfangreiche Wissen, das sie in mühsamer Arbeit uns Menschen über uns selbst verschaffen?

Das Problem entsteht erst dann, wenn diese Welten übermächtig werden, wenn sie sich als die einzig wahre Welt aufdrängen, wenn sie keinen Platz mehr lassen für das eigentliche Leben des Menschen. Erst dann entfremden sie den Menschen von sich selbst.

Besonders gefährlich werden solche Welten dann, wenn sie sich zu Glaubenssystemen aufblasen. Aber seriöse Wissenschaftler sind nie wissenschaftsgläubig, seriöse Psychoexperten betreiben keinen »Psychokult«, Medienprofis sind nicht medienhörig, gute Banker beten den schnöden Mammon nicht an, und Ärzte, die Gesundheit tatsächlich für das höchste Gut halten würden, wären eine Gefahr für ihre Patienten. Gerade diejenigen Menschen also, die diese Welten von innen heraus kennen, lassen sich nicht so schnell von ihnen gefangen nehmen, denn als unfreiwillige Bühnenbildner im großen Welttheater blicken sie, wenigstens in ihrem Bereich, hinter die Kulissen der gefälschten Welt.

Sie tun das, weil sie ihre Grenzen kennen. Gute Wissenschaftler wissen, dass die Evolutionstheorie, was den Sinn des Lebens betrifft, nichts beweist und nichts widerlegt, dass die Mythen der Wissenschaft nur andere Mythen sind, aber auf die existenziellen Fragen systematisch die Antwort schuldig bleiben. Gute Psychologen glauben nicht, dass die Wahrheit umstandslos in Psychologie löslich ist, dass, wer sich bei Liebesgefühlen auskennt, noch lange nicht weiß, was Liebe ist, und es gibt natürlich auch moderne brillante Psychoanalytiker, die nicht daran denken, ihre Methode als Heilslehre zu verkaufen, und einen guten Job machen. Wirkliche Medienprofis machen sich keine Illusionen über die Illusionen, die sie erzeugen. Sie wissen, dass ein inszeniertes Leben nicht das Leben selbst ist, aber andererseits auch, dass sich über Facebook mitunter echter Trost und echte existenzielle Zuwendung ereignen kann und nicht jeder, der mal eine Castingshow anschaut, gleich der Verblödung anheimfallen muss. Seriöse Bankberater sind sich bewusst, dass viele gute Tipps vieler guter Bankberater im Ergebnis ein schlechter Tipp sind, denn wenn an der Börse alle das Gleiche tun, ist das bekanntlich für alle schlecht. Und kluge Ärzte wissen, dass es nicht das ewige Leben auf Krankenschein gibt und dass jede Gesundung immer nur vorübergehend ist.

Ein vierundzwanzigjähriger dicker Student saß im Zug. Zu Hause war er eingestiegen, wie immer. Er wollte in die Universitätsstadt fahren, wie schon so oft. Die Leute im Abteil waren mehr oder weniger merkwürdig, wie immer. Die Gespräche der Menschen drehten sich um Nichtigkeiten, und auch das war wie immer. Durchs Fenster sah man die Berglandschaft vorbeiziehen, doch der Vierundzwanzigjährige interessierte sich nicht besonders dafür, denn er kannte die Strecke schon seit langem. Eben fuhr der Zug wieder in einen Tunnel ein. Die Gespräche plätscherten weiter vor sich hin. Die Fahrt durch den Tunnel schien diesmal besonders lang zu dauern, aber das bildete er sich sicher bloß ein. Immer noch war es dunkel draußen. Was war denn bloß los? Der Tunnel schien endlos zu sein. Inzwischen wurden auch die Mitreisenden unruhig. Irgendetwas stimmte hier nicht. Der Zug fuhr mit unverminderter Geschwindigkeit. Man fragte den Schaffner, doch auch dem war das Ganze ein Rätsel. Nun war der junge Student beunruhigt. So etwas hatte er noch nie erlebt. Er suchte den Zugführer. Während er durch die Waggons ging, hatte er das Gefühl, dass der Zug immer schneller fuhr. Und als er den Zugführer schließlich fand, machten sie sich gemeinsam auf zum Anfang des Zugs. Schließlich arbeiteten sie sich bis zum Führerhaus vor, und was er da erblickte, ließ ihm das Blut in den Adern erstarren: Das Führerhaus war leer, und er konnte sehen, wie der Zug, immer schneller werdend, immer tiefer bergab ins unendliche Dunkel der Erde hineinstürzte.

Die Erzählung »Der Tunnel« von Friedrich Dürrenmatt wirkt surreal, doch in Wirklichkeit ist sie real. Die Leute im Abteil reden im Grunde über das, worüber Sie vielleicht gerade auch geredet haben, liebe Leserinnen und Leser. Es sind Gespräche, wie sie auch Truman Burbank führt in seiner künstlichen Welt, in der, ohne dass er es weiß, nichts wirklich Echtes passiert. Und plötzlich platzt die Kulisse. Der Tod bricht ein. Und der Tod ist real. Jeder von uns stirbt. Jeder von Ihnen, liebe Leserinnen und Leser, kann schon morgen im Lokführerstand landen und ins katastrophale Dunkel blicken: Es kann der Geisterfahrer auf der Autobahn sein, die Ansage im Flugzeug vor dem Absturz, der plötzliche Schmerz in der Herzgegend, irgend so etwas wird es irgendwann ganz sicher sein.

Wirklich.

Durch den sicheren Tod aber, der uns allen unentrinnbar bevorsteht, erscheinen das Leben und die Welt in einem ganz anderen, in einem merkwürdig plastischen, realen Licht. Im Gegensatz zu den Tieren wissen wir Menschen, dass wir sterben und dass daher jeder Moment unwiederholbar ist. Und wenn auch manche Menschen so leben, als hätten sie noch ein zweites Leben im Kofferraum, Momente, in denen plötzlich klarwird, dass in Wirklichkeit niemand eine zweite Chance bekommt, lassen die Menschen frösteln, wie die Lektüre von Dürrenmatts »Tunnel«.

Der Tod ist das große Rätsel der Menschheit. Man hat ihn immer bestritten. Seit frühesten Zeiten haben die Menschen geglaubt, dass mit dem Tod nicht alles aus sei. Deswegen haben sie beerdigt und nicht bloß verscharrt. Seit unvordenklichen Zeiten erzählen die Religionen Geschichten vom Leben nach dem Tod. Doch erstmals in der Geschichte der Menschheit drohen in Mitteleuropa und anderswo die alten Erzählungen zu verstummen.

Der Tod ist ausgebrochen im Wartesaal des Lebens, der endgültige Tod. Im Zentrum Europas findet seit noch gar nicht so langer Zeit ein großes Live-Experiment statt. Kann der Mensch mit dem Gedanken wirklich leben, dass mit dem Tod alles aus ist? Alles spricht dafür, dass dieses Experiment grandios gescheitert ist. Wohin auch immer man schaut: Eine ganze Gesellschaft ist in kopfloser Flucht vor dem Tod. Während sich die lebenslustige Barockzeit dem Tod noch tapfer und gottesfürchtig stellte und im Bewusstsein der Unwiederholbarkeit jedes Moments ihre rauschenden Feste feierte, begann die Flucht schon leise zu Beginn des 19. Jahrhunderts, als auf den romantisch gestylten Friedhöfen plötzlich nur noch geschlafen wurde: Kein Knochenmann mehr mit Stundenglas, sondern unter schattigen Bäumen sanft schlafende wunderschöne Frauen und Männer. Der Ruf einer Nachtigall, und alle würden sich zweifellos zu einem anmutigen traurig-schönen Tanz erheben.

Inzwischen verschwindet der eigentliche Tod hinter einer veritablen Pornographie des Todes. Hunderte Tote in Actionfilmen oder Computerspielen haben mit dem realen Tod, den Sie sterben werden, liebe Leserinnen und Leser, so wenig zu tun, wie ein Pornofilm mit Liebe. Das Ende sind dann anonyme Bestattungen nur noch knapp vor dem bloßen Verscharren und der optische Kannibalismus der »Körperwelten«-Ausstellungen eines geltungs- und habsüchtigen Gunther von Hagens, der einer konsumfreudigen gruselnd-voyeuristischen Öffentlichkeit ein lustvolles Grauen bereitet, indem er ihr menschliche Leichen unter dem Vorwand der Kunst zum gefälligen Augenschmaus serviert.

Auf diese Weise verschwindet der wirkliche, der existenzielle Tod. In der gefälschten Welt, in der wir leben, kommt er gar nicht mehr vor:

Die Wissenschaft ist ein unendliches Projekt, das bloß die papierne Unsterblichkeit des ruhmvollen Nobelpreises kennt und deren Protagonisten, die sterblichen Wissenschaftler, den Tod überwinden, wenn ihr richtungsweisender Artikel am Tag nach ihrem Tod in der Zeitschrift »Science« erscheint. Die Fachwelt stirbt nicht.

Auch die Psychologie kennt den Tod nicht wirklich. Sie versteht ihre Einsichten, selbst solche über Sterben und Tod, je psychoanalytischer, desto mehr, als ewige Offenbarungen von zeitloser Gültigkeit.

Weit mehr als die Hälfte der Menschen, denen wir in Film und Fernsehen begegnen, sind eigentlich tot, aber das interessiert die Medien nicht, denn der wirkliche Tod ist ihnen unbekannt. Der Auferstehungsritus des Fernsehens besteht darin, am Tage des Todes eines Schauspielers noch einmal einen Film zu zeigen, in dem derselbe Schauspieler, der in Wirklichkeit gerade in Leichenstarre übergeht, putzmunter ist. Nichts kann der Tod diesem unsterblichen Film anhaben.

Dass die Finanzwelt selbst im Börsencrash nicht stirbt, zeigt die quicklebendige Aktivität, die sich nach dem tragischen Suizid eines Bankrotteurs auf dem Parkett entfaltet. Auch der Börsenbericht ist unsterblich.

Die Gesundheitsreligion schließlich ist eine einzige Feindseligkeit gegen Freund Hein. Da ist der Tod im besten Fall eine bedauerliche Panne, im schlechtesten Fall der Grund für eine Klage auf Schadensersatz. Regelmäßig berichten seriöse Zeitungen in seriösen Artikeln, wie viele Deutsche in einem Jahr am Rauchen gestorben sind, die sonst offenbar nicht gestorben wären. Das Welttheater, das uns umgibt, kennt phantastische Masken, bloß Gevatter Tod kommt nicht vor. Christen dagegen behaupten, das unendliche Leben sei eine Illusion, das ewige Leben über den Tod hinaus dagegen sprenge die Zeit. Doch das weiß keiner mehr.

Und so wirken all diese lächerlich gefälschten Unsterblichkeiten der machtvollen gefälschten Welten, in denen wir unvermeidlich leben, als hilfsbereite Fluchthelfer auf der Flucht vor dem Tod, aber damit zugleich als Hindernisse auf dem Weg zu uns selbst. Wer da selbst ganz ernsthaft stirbt, muss sich für einen schrillen Misston in dem bombastischen Welttheater halten, das ihn umgibt, und er wird zusehen, dass er sich möglichst unauffällig verkrümelt. Doch das ist fatal. Nicht nur, dass die eigene unendlich wertvolle Existenz auf diese Weise bloß als kleines Körnchen im gewaltigen Weltall, als lächerliches Psychophänomen, als winziger Medien-Welt-Bewohner, als mickriger Kunde oder als hilfloser Patient wahrgenommen wird, obwohl doch ein Lächeln von George Clooney existenziell kein bisschen weniger wertvoll ist als Ihr Lächeln, lieber Leser. Vor allem gilt: Wer den Tod verdrängt, verpasst das Leben, das eigentliche, das existenzielle Leben. Und so leisten all die gefälschten Welten gemeinsam ihren Beitrag zum skandalösen Vergehen der Geiselnahme der Zeit, unserer Lebenszeit. Die allgemein herrschende Videomentalität, die so tut, als könne man alles, wirklich alles, auf Video aufzeichnen und wiederholen, ist eine einzige Lüge. In Wirklichkeit kann man nichts wiederholen. Und während ein Film scheinbar nur Filmzeit kostet, die man tatsächlich beliebig wiederholen kann, kostet er, wenn wir ihn sehen, in Wahrheit echte, existenzielle, unwiederholbare Lebenszeit, die unbezahlbar ist. Erst wer die Kraft findet, sich im Bewusstsein der Unwiederholbarkeit jedes Moments der Unvermeidlichkeit des Todes zu stellen und die Fälschung der Welt als vielgestaltige übergriffige »Truman-Show« zu entlarven, wird sein eigentliches Leben leben können. Doch wie geht das?

Perspektivwechsel hatte Frank Schirrmacher angesichts der sich aufdrängenden neuen Medien gefordert, sei das Gebot der Stunde. Und tatsächlich ist dieser Königsweg der systemischen Therapie, um aus eingefahrenen Sackgassen herauszukommen, nicht bloß das »Rettungsboot in der Sturmflut der Informationen« (Schirrmacher), das uns zur Aufmerksamkeit anleitet. Perspektivwechsel kann darüber hinaus überhaupt die Sicht auf die Welt so verändern, dass plötzlich das Wesentliche wieder zum

Vorschein kommt. Es ist wie mit den berühmten Vexierbildern, die dem gewohnten Blick nur Gewohntes darbieten, doch der interessierten Aufmerksamkeit mit einem Mal eine unvermutete Schönheit enthüllen.

Gibt es also etwas hinter Finanzkrise, Burnout bei Managern, neuen Medien und all den anderen tagtäglichen Dramen? Erhoffen wir uns das bloß, ersehnen wir uns das nur, oder gibt es das wirklich?

Anstatt immer nur schicksalsergeben das zu tun, was »man« so tut im großen Welttheater, statt mitzulaufen bei Kampagnen gegen Mitläufer und dem ultimativen Ratgeber für oder gegen irgendetwas zu folgen, sollte man wenigstens ab und zu auf seinen eigenen Zugang zum Leben vertrauen.

Wann waren Sie zum letzten Mal Sie selbst?

Und wenn man auf diese Weise sein eigenes, unvergleichliches, existenzielles Leben entdeckt oder wiederentdeckt hat, kann es passieren, dass sich diesem wirklichen Leben in intensiven Momenten dann auch die nicht gefälschte, die wahre Welt enthüllt.

Dann können wir unbefangen plötzlich am Grab eines geliebten Menschen der ursprünglichen Erfahrung der Menschheit trauen, dass mit dem Tod in Wirklichkeit nicht alles aus ist, eine Urerfahrung, die ja, wenn wir ehrlich sind, auch unser aller Erfahrung entspricht und die uns bloß durch die aufdringlichen Fälschungen, die uns beeinflussen, unrealistisch erscheint, obwohl es eigentlich nichts Realeres gibt als sie.

Liebe, das erleben wir nicht nur am Grab eines geliebten Menschen, ist nicht bloß eine Idee. Erst das Bewusstsein der Unwiederholbarkeit jedes Moments angesichts des unvermeidlichen Todes gibt ihr den unverwechselbaren Geschmack von Wirklichkeit: Ich bin es, der liebt, jetzt im Augenblick, diesen einzigartigen Menschen. Nur

170

so kann Liebe stattfinden, selbst wenn wahre Liebe in diesem zeitlichen Moment immer zugleich ein Erlebnis von Ewigkeit freisetzt, das die Zeit sprengt.

Freilich wissen wir alle, dass Liebe nicht bloß jene romantische Liebe ist, über deren Glück die Literatur weniger zu berichten weiß als über ihr schmerzhaftes Scheitern am unerreichten Ideal. Die liebevolle existenzielle Begegnung zwischen Menschen kann im lächelnden Augenaufschlag geschehen, in der freundlichen Geste, im kurzen bewegenden Gespräch mit einem liebenswürdigen Menschen im Zug, den man in dieser Welt nie mehr wiedersehen wird. Das sind Momente, in denen man Ewigkeit ahnen kann und von denen das große Welttheater aus Wissenschaft, Psychologie, Medien-, Finanz- und Gesundheitswelt nichts weiß.

Jedenfalls hat Liebe nichts zu tun mit der gefälschten Welt der Castingshows, bei denen Männer, die evolutionär auf große Brüste orientiert sind, sich von aufgepumpten gefälschten Schönheiten mit Silikon täuschen lassen und den scheiternden Begattungswunsch irrtümlich für Liebe halten. Echte Liebe erfährt man nicht durch künstlich trainiertes Lächeln und chirurgisch glattgezogene Haut, sondern durch den echten Blick in ein echtes Gesicht. So wie bei Philemon und Baucis vielleicht, die, wie die Griechen sich erzählten, sich so sehr liebten, dass es sogar die Götter rührte und Zeus ihnen gewährte, am gleichen Tag sterben zu dürfen, um den anderen nie vermissen zu müssen. So starben sie beide hochbetagt, mit runzeliger Haut, aber liebenswürdiger gewiss als irgendeine riskant zusammengeklempnerte Plastikschönheit.

Der Mensch ist das Wesen, das sich selbst, sein Milieu, seine Welt übersteigen kann, sich transzendieren kann, wie man sagt, und, indem er seine Grenzen sprengt, das endgültige Verlöschen eines Menschen als wesensfremd wahrnimmt. Im Ringen zwischen der Realität der Verwesung und der mindestens genauso wirklichen Realität der Liebe, haben Menschen zu allen Zeiten erlebt, dass die Liebe stärker ist als der Tod. Und nur der wird das als Illusion abtun, dem die Welt aufgrund all ihrer Fälschungen bloß noch als großer schöner Baukasten aus lustigen Atomen, Zellen und Organismen erscheint und für den Liebe also am Ende »nichts anderes als« ein evolutionär sinniges Hormonprodukt eines ehrgeizigen Weltalls ist.

Für einen solchen Menschen wird in gleicher Weise die Moralität des Menschen eine bloße Einbildung sein. Und die Fälschung der Welt hat auch da ganze Arbeit geleistet. Sie hat so viele bunte Kulissen vor die schlichte existenzielle Erfahrung von Gut und Böse errichtet, dass völlige Verwirrung eingetreten ist, obwohl sich der Menschheit wohl noch nie so weitreichende moralische Fragen gestellt haben. Wer meint, sich die menschliche Moral im Sinne all der gefälschten Welten irgendwie als ein spaßiges Gemisch von Hirnstoffwechsel, früher Kindheit, Charity-Shows und zynischer Ethik des Heilens vorstellen zu können, oder wer glaubt, Moral sei, in einer demoskopischen Gesellschaft am besten immer das zu tun, was die Mehrheit richtig findet, der hat gar nichts vom existenziellen moralischen Ernst begriffen, der die Widerstandskämpfer gegen die Nazis antrieb, der Nelson Mandela jahrelange Haft erdulden ließ und der birmanischen Friedensnobelpreisträgerin Aung San Suu Kyi die Kraft gab, für den Freiheitskampf ihres Volkes gegen die Militärdiktatur die eigene Freiheit zu opfern.

Jeder Mensch hat ganz natürlicherweise existenziell ein Gefühl von Gut und Böse. Das unterscheidet ihn vom Tier, und das macht seine Würde aus. Das endliche Leben stellt ihn immer wieder vor unaufschiebbare moralische

Entscheidungen, auch plötzlich vor Entscheidungen auf Leben und Tod, über die er früher nie nachgedacht hat und von denen er doch tief im Innern weiß, dass er sie nach bestem Wissen und Gewissen fällen soll. Das macht das Leben so spannend.

Auf diese Weise ist die Ökologiebewegung entstanden, die inmitten all der gefälschten Welten mit ihrem moralischen Anspruch auf Respekt vor der Natur einen neuen Aufbruch bewirkte. Es sieht so aus, dass die zunehmende Bedrängnis, in die der Mensch gerät, demnächst auch das Nachdenken über eine Ökologie des Menschen befördern könnte. Jedenfalls ist ein waches moralisches Bewusstsein erforderlich, um die Gefahren all der andrängenden gefälschten Welten erfolgreich zu bändigen. Damit der wissenschaftliche Fortschritt nicht zum humanen Rückschritt wird, damit die Psychologie nicht zur bloßen nützlichen Manipulation des Menschen verkommt, die Medien nicht hemmungslos Menschen zum Opfer bringen, die Finanzwelt nicht über Leichen geht und die Medizin sich bewusst bleibt, dass sie nicht all das darf, was sie kann.

Aber Moral ist immer mühsam. Und so ist der Mensch stets in Gefahr, an diesem moralischen Anspruch an sich selbst zu scheitern, die Stimme seines Gewissens zu überhören und die eigene existenzielle Verantwortung für das, was er in seinem einmaligen Leben tut, nicht zu übernehmen. Nur mit psychischer Gewalt kann man freilich die innere Überzeugung, gut und human sein zu sollen, von außen dauerhaft gezielt betäuben. Das geschieht zum Beispiel durch den Gruppendruck bei islamistischen Terroristen und anderen verblendeten Fanatikern, für die die hemmungslose Bekämpfung des absoluten Feinds der Dreh- und Angelpunkt ihrer Welt geworden ist.

Der unfassbare Zynismus der vielen Nazis wurde gezüchtet durch ein mit größter Selbstverständlichkeit auftretendes suggestives Gefühl der in einer großen elitären Gemeinschaft angeblich gemeinsam Wissenden. Und so wuchs der Eindruck: Wenn doch alle in dieser Gemeinschaft die Juden für Untermenschen und für den absoluten Feind hielten, dann konnte das eigene aus dem Gewissen aufsteigende Zweifeln gegenüber solchen Ansichten nicht recht haben. So kann man mit psychologischen Methoden Moral fälschen. Die Nazis nutzten für ihre verbrecherischen Zwecke hemmungslos auch all die anderen Welten. Sie manipulierten durch die Wissenschaft, deren »Eugeniker« die menschenverachtenden Thesen der Nazis scheinbar belegten. Sie nutzten die Medien mit perfide gemachten Propaganda-Filmen wie »Jud Süß« zur Begleitung des Judenmords und »Ich klage an« zur Begleitung des Mords an Behinderten, sie erweckten skrupellos finanziellen Neid und die Habgier der Menschen und hatten ihre verbrecherischen Ärzte, die nicht nur an der Rampe von Auschwitz ihren Dienst taten, der nur so aussah wie Dienst. In Wahrheit war das Beihilfe zum Massenmord. Kaum je ist die Welt zur Betäubung der Gewissen so systematisch und diabolisch gefälscht worden wie von Goebbels und seinen Komplizen. Und doch kann keine Fälschung die Stimme des Gewissens völlig zum Schweigen bringen, die jeden Menschen existenziell zum Guten ruft und vor dem Bösen warnt. Die Stimme des Gewissens aber, sagt die religiöse Tradition, ist die Stimme Gottes.

Der Philosoph Immanuel Kant hatte Zweifel, ob man Gott so einfach erkennen könne. Aber er hatte keine Zweifel an der Stimme des Gewissens. Er glaubte, dass jeder Mensch vom Kern seiner Existenz her weiß, dass er gut sein soll. Doch vernünftig ist diese jedem Menschen eigene Moralität nach Kant nur unter drei Voraussetzungen: Natürlich muss man dann davon ausgehen, dass der Mensch frei ist, denn sonst kann er zwischen Gut und Böse ja gar nicht unterscheiden. Zweitens muss es dann die Unsterblichkeit der Seele geben, denn wir alle machen die Erfahrung, dass der uneigennützig gute Mensch im Leben Nachteile zu gewärtigen hat, so dass es nur vernünftig ist, der Stimme des Gewissens zu folgen, wenn es nach dem Tod einen gerechten Ausgleich geben kann. Und drittens muss es aus Vernunftgründen dann nach Kant eine Instanz geben, die für diesen Ausgleich sorgt, und diese Instanz nennt Kant Gott.

In all den gefälschten Welten, durch die wir gewandert sind, kommen nicht nur Liebe, Moralität und der Tod, in diesen Welten kommt auch Gott nicht vor. Er kann gar nicht vorkommen, denn in diesen Welten haben die existenziellen, die eigentlich wichtigen Erfahrungen des menschlichen Lebens prinzipiell keinen Platz. Das spricht natürlich überhaupt nicht gegen die Existenz Gottes, erklärt aber psychologisch, warum Menschen nicht glauben, dass er existiert.

Der Philosoph Ludwig Feuerbach gilt als Kirchenvater des Atheismus. Doch er hat die Existenz Gottes bekanntlich keineswegs mit Argumenten widerlegt. Er hat einfach die Nichtexistenz Gottes vorausgesetzt und sich Gedanken darüber gemacht, wie man sich dann das merkwürdige Phänomen der Religion psychologisch erklären könne. Gehen wir aber einfach einmal umgekehrt davon aus, dass das unsterbliche Gerücht von der Existenz Gottes stimmt, an das seit Bestehen der Menschheit fast alle Menschen geglaubt haben und auch heute noch glauben. Dann müsste ebenso überzeugend dargelegt werden können, ob und wie man dann das merkwürdige Phänomen des Atheismus psychologisch erklären kann.

Und tatsächlich: Die Fülle der Einflüsse all der vielen künstlichen Welten ohne Gott, in denen wir unvermeidlich leben, macht ein besinnungsloses Leben, das über die existenziellen Erlebnisse von Liebe, Gut und Böse und Sinn des Lebens einfach gedankenlos hinwegstolpert, psychologisch problemlos möglich. Es gibt kein einziges neues Argument gegen Gott, ganz im Gegenteil, die uralten, ewiggleichen atheistischen Argumente sind gerade durch die neueren naturwissenschaftlichen Erkenntnisse unbrauchbar geworden. Doch psychologisch ist das nicht wichtig. Psychologisch zählt, was psychologisch wirkt, und die psychologische Wirkung der Fälschung der Welt ist immens. Niemand kann sich dem völlig entziehen. Das Studio, in dem die gottlose »Truman-Show« unserer Tage stattfindet, ist viel umfassender als die Welt des Truman Burbank. Die Wissenschaftswelt, die Psychowelt, die Medienwelt, die Finanzwelt und die Welt der religiösen Prothesen türmen bunte verwirrende Kulissen auf, die niemand mehr wirklich überblickt. Und auf diesen Kulissen kommt Gott nicht vor, weil ein allmächtiger Gott keine Kulisse ist. Doch das sagt nichts zur Frage, ob er jenseits der Kulissen in der wirklichen Welt wirklich existiert.

Feuerbach hat die Existenz Gottes nicht widerlegt und dieses Buch versucht nicht, Gott zu beweisen. Aber es versucht, die Scheinsicherheiten in Frage zu stellen und hinter die Pappkulissen zu schauen, es versucht, die absichtlichen und unabsichtlichen Fälschungen zu entlarven und zu ermutigen, das eigene, wirkliche, existenzielle Leben bewusst zu leben, indem man der Übermacht der täuschenden Eindrücke widersteht.

Die Frage nach Gott ist wieder merkwürdig aktuell. Ein Philosoph wie Jürgen Habermas, der sich selbst als »religiös unmusikalisch« bezeichnet, scheint tief beunruhigt von der Frage nach der Zukunft von Staat und Gesellschaft und glaubt, dass ohne wirkliche Religion wohl kein wirklicher Staat zu machen sei. Man müsse den religiösen Bürger im säkularen Staat als religiösen Bürger ernst nehmen, sagte er in seiner berühmten Paulskirchenrede 2001. Im Jahre 2004 diskutierte er höchst lebendig und interessiert mit dem damaligen Kardinal Ratzinger. Auch anschließend äußerte er sich immer wieder zu diesen Fragen. Und der dann zum Papst gewählte Benedikt XVI. erstaunte in seiner Ansprache 2011 in Freiburg mit den Worten: »Agnostiker, die von der Frage nach Gott umgetrieben werden … sind näher am Reich Gottes als kirchliche Routiniers, die in ihr (der Kirche) nur noch den Apparat sehen, ohne dass ihr Herz davon berührt wäre, vom Glauben berührt wäre.« Der Philosoph Peter Sloterdijk, der nicht dumme Leute belehren will, sondern zur kritischen Nachdenklichkeit einlädt, auch über die eigenen Ideen, schreibt Hellsichtiges über »Gottes Eifer«. Und Deutschlands bekanntester Atheist, der Philosoph Herbert Schnädelbach, verfasst einen ergreifenden Essay zum Thema »Der fromme Atheist«, in dem er bekennt, er könne die Matthäuspassion von Bach, vor allem den Text, nicht mehr hören, ohne dass ihm die Tränen kämen und er rausgehen müsse. Aber er könne nun mal nicht glauben.

Derselbe Herbert Schnädelbach, der ein persönlich sehr eindrucksvoller Mensch ist, hatte freilich im Jahre 2000 in der Wochenzeitung »Die Zeit« einen aufsehenerregenden Artikel geschrieben mit dem provozierenden Titel »Der Fluch des Christentums«, der mit dem scharfen Satz endete, das Beste, was das Christentum für die Menschheit tun könne, wäre: sich auflösen!

Dieser Artikel, der aus verständlicher Wut über allzu platte Glorifizierungen des Christentums entstanden war, legte das entscheidende Problem vieler Intellektueller mit dem Christentum offen. Die Fälschung der Geschichte von Christentum und Kirche ist es, die es manchem redlichen gescheiten Menschen unmöglich macht, sich bei der Frage nach dem Sinn des Lebens ernsthaft mit dem Christentum zu befassen. Und so begegnet man nicht so sehr kämpferischen, sondern eher traurigen Atheisten oder Agnostikern, die wohl gerne glauben würden, für die aber das, was sie für das Christentum halten, keine Option ist. Doch die von vielen eigentlich gebildeten Menschen geteilten historischen Behauptungen Schnädelbachs, dessen philosophische Texte stets tadellos sind, waren zum Teil eklatant falsch. Dass sich erst nach diesem Aufsatz der Kirchenhistoriker Arnold Angenendt daranmachte, in dem schon erwähnten Werk »Toleranz und Gewalt – Das Christentum zwischen Bibel und Schwert« all die historischen Fehler gründlich zu widerlegen, weil es bisher nichts Vergleichbares gab, zeigt, dass zumindest an der Aufrechterhaltung des monströsen öffentlichen Christentumklischees, das sogar Leute wie Schnädelbach kritiklos übernahmen, die Christen selbst nicht ganz unschuldig sind. Jahrzehntelang haben gewisse beifallheischende christliche Theologen keine Gelegenheit ausgelassen, sich mit Klischeebestätigungen durch schiefe oder falsche Behauptungen auf Kosten ihrer eigenen Vorfahren zu profilieren. Doch die eitle rhetorische Figur: Zweitausend Jahre lang ist das Christentum in die Irre gegangen – bis endlich ich kam, wird im Ernst niemanden überzeugen, aber das Ressentiment verstärken.

Wer diese Gesellschaft aufklären will, aufklären über die eigenen religiösen Wurzeln, muss all die abschreckenden Pappkameraden zur Seite räumen, die zum Teil seit Jahrhunderten zur Fälschung der Christentumsgeschichte aufgebaut worden sind, und so nüchtern wie möglich beschreiben, was war und was ist. Dann können den Menschen wieder die Kräfte zufließen, die sie aus der Geschichte erreichen. Tatsächlich war da nicht alles gut. Natürlich gab es sie, die verlogenen Tartüffs, die leichtlebigen Casanovas, die geldgierigen Tetzels. Aber das Christentum hat auch das Mitleid mit den Schwachen erfunden, die Heiden setzten behinderte Kinder im Gebirge aus. Und Peter Sloterdijk fügt hinzu, dass die Menschenrechte, »das moralische Kernstück der Aufklärung«, nur als »Säkularisat der christlichen Anthropologie« zu verstehen seien. Wer freilich bloß das Reine in der Geschichte sucht, vor dem könnte die wirkliche Geschichte nie bestehen und wir alle später auch nicht, wenn wir zu Geschichte geworden sind.

Das Christentum ist kein überzeitlicher Idealismus. Die Christen glauben, dass Gott selbst als Jesus Christus in die Zeit eingetreten ist, geschichtlich geworden ist und auch weiter in der Geschichte wirkt. Für das Christentum ist Geschichte also nicht nebensächlich, wie für fernöstliche Meditationsformen, und deswegen ist es von der Fälschung der Geschichte auch so sehr betroffen. Dennoch werden die Christen von ihren heiligen Büchern davor gewarnt, an ihren geschichtlichen Erfolg zu glauben. Insofern sind Analysen, die dem Christentum geringere Marktanteile zuschreiben, für wirkliche Christen nicht besonders aufregend. Am Ende der Geschichte steht für die Bibel nicht der Triumph der Christen, sondern der große Abfall vom Glauben und ganz am Schluss die Apokalypse, die Wiederkunft Christi. Wer sich also am Ende bewährt, das entscheidet nicht die Statistik, das entscheidet nach christlicher Auffassung noch nicht einmal die Kirche, das entscheidet Gott, erstinstanzlich, beim Jüngsten Gericht.

Die Fälschungen der Geschichte zu entlarven ist schließlich ein Gebot der Bildung. Auch der Atheist trinkt aus einer Quelle, deren göttlichen Ursprung er leugnet. Er sollte ernsthaft wissen, von welcher Tradition er sich gelöst hat. Und auch für ihn, den Ungläubigen, sollte sich hierzulande seine Vorstellung von der evangelischen Kirche nicht auf die Alkoholfahrten von Bischöfinnen beschränken und die Sicht der katholischen Kirche nicht auf die leidigen ewigen Themen rund um die Geschlechtsorgane. Jedem Atheisten und jedem Christen müsste daher gleichermaßen daran gelegen sein, die Geschichte des christlichen Abendlands gut zu kennen. Dennoch wird es natürlich auch dann oder sogar gerade dann unterschiedliche Auffassungen von der Geschichte des Christentums geben. Doch nur auf eine solche Weise kann es eine aufgeklärte wirkliche Debatte zwischen aufgeklärten Atheisten und aufgeklärten Christen über das Wesentliche im Leben geben, in der niemand den anderen unterschätzt und in der man sich wirklich versteht. Dann kann sich möglicherweise jenes Wohlwollen einstellen, das, wie ein großer Mann einmal gesagt hat, wiederum Voraussetzung für das Verstehen ist.

Wer die Fälschung der Welt durchschaut, kann sich also auch der Frage nach Gott wieder unbefangen stellen. Man kann sie nicht mathematisch beantworten und dann der anderen Seite, den Christen oder den Atheisten, wegen eklatanten Rechenfehlern mangelnde Intelligenz vorwerfen. Es gibt hochgescheite Christen und hochgescheite Atheisten. Man kann die Frage nach Gott nur beantworten, indem man auf die existenziellen Erfahrungen seines Lebens achtet. Gottesbeweise sind daher keine naturwissenschaftlichen Beweise, sie sind viel mehr. Gottesbeweise sind wie Liebesbeweise. Sie sind nicht zwingend, aber es sind die wichtigsten Beweise unseres Lebens. In meinem Buch »Gott – Eine kleine Geschichte des Größ- ten« habe ich versucht, alle Argumente zusammenzu- tragen, die es für oder gegen Gott gibt. Jeder muss da sei- ne höchstpersönliche Überzeugung finden und sich am Ende entscheiden: Entweder ist alles sinnlos, das Leben und der Tod, Liebe und Hass, Gut und Böse, und es gibt keinen Gott – oder es ist anders.

Selbst Richard Dawkins, der auf den 575 Seiten seines voluminösen Buches gegen jeden Gottesglauben wütet, schreibt, nachdem er sich mit der rätselhaften Frage nach den Naturkonstanten bis hin zu oszillierenden oder gar multiplen Universen verlaufen hat, dann doch diesen ein- zigen kleinen Satz, der in Wahrheit seine ganze Argumen- tation in Frage stellt: »Wenn wir die exotische Vorstellung von einem Multiversum zulassen …, können wir den gan- zen Zirkus auch lassen und uns gleich für Gott entschei- den.« So bleibt sogar bei Dawkins am Ende Ambivalenz. Von dieser Unentschiedenheit aber zur Entschiedenheit zu kommen kann nur dadurch gelingen, dass man exis- tenziell die Wahrheit erkennt, und dazu darf man sich nicht von der Fälschung der Welt täuschen lassen, son- dern muss den wirklichen, den existenziellen Erfahrun- gen Aufmerksamkeit schenken, die jeder Mensch macht. Denn diese Erfahrungen sind kein Bluff.

Und so wird sich jeder von uns am Ende seines Lebens an genau diese Momente erinnern, in denen er geliebt hat und geliebt wurde, Schuld auf sich lud oder Opfer von Schuld war, oder in denen er Gott gefunden oder ver- loren hat.

Und je nachdem, welche Überzeugung er aus diesen Erfahrungen seines einmaligen Lebens gewonnen hat, wird er eine Antwort auf die Frage geben können, ob es überhaupt Sinn macht, dieses einzelne Leben als ein Ganzes zu betrachten, oder ob das alles bloß eine große bunte zufällige Sinnlosigkeit war.

Wer die Fälschungen der Welt hinter sich lässt und sich der existenziellen Welt zuwendet, der kann wirklich leben, aber er kann auch der Frage nach dem Sinn des Lebens nicht mehr ausweichen, er muss mit seinem ganzen Leben höchstpersönlich darauf antworten, und er muss die Konsequenzen seiner Antwort tragen.

Der ungläubige polnische Philosoph Leszek Kolakowski hat gesagt: »Wenn Gott wirklich tot ist, dann reden wir uns vergeblich ein, dass der Sinn unversehrt geblieben sein könnte. Die gleichgültige Leere saugt uns auf und vernichtet uns. Von unserem Leben und unseren Mühen bleibt nichts zurück. Keinerlei Spuren hinterlassen wir im sinnlosen Tanz der Atome. Das Universum will nichts, strebt nichts an, kümmert sich um nichts, spricht weder Lob aus, noch verhängt es eine Strafe. Wer behauptet, dass es Gott nicht gibt und es lustig sei, belügt sich selbst.«

Doch auch die Christen können sich nicht einfach beruhigen. Ihnen hat Ludwig Feuerbach ins Stammbuch geschrieben: »Die wahren Atheisten sind die heutigen Christen, die behaupten, an Gott zu glauben, aber genau so leben, als ob er nicht existiere; diese Christen glauben nicht mehr an die Güte, die Gerechtigkeit, die Liebe, d. h. alles, was Gott definiert; diese Christen, die nicht mehr an das Wunder, sondern an die Technologie glauben, die mehr Vertrauen in die Lebensversicherungen setzen als ins Gebet; die angesichts des Elends nicht mehr im Gebet Zuflucht suchen, sondern beim Vorsorgestaat.«

Existenziell Atheist zu sein und existenziell Christ zu sein, ist nicht irgendeine lustige Rolle im großen Welttheater, sondern es ist zweifellos eine ernste Sache, die jeder für sich entscheiden muss und die eindeutig in der Wirklichkeit stattfindet, es ist eine Sache auf Leben und Tod.

3.
Wie geht es hier raus?

Hape Kerkeling ist ein außergewöhnlicher Künstler. Er kann hinreißend komisch sein und ist dann für wirklich jeden Spaß zu haben. Aber er hat auch ein unterhaltsam-nachdenkliches Buch geschrieben. »Ich bin dann mal weg« wurde ein großer Bestseller, und es war wohl Kerkelings Glaubwürdigkeit beim äußeren Gang nach Santiago de Compostela und beim inneren Gang zu sich selbst, die das Buch zum Mega-Erfolg machte. Es ist die amüsante, aber ganz ernst gemeinte Geschichte des Ausstiegs eines zwar besonders unterhaltsamen, aber sonst ziemlich normalen Menschen aus dem gewohnten Trott. Jeder Leser konnte sich damit auf die eine oder andere Weise identifizieren, und über die vielen lustigen Geschichten von den Begegnungen mit mehr oder weniger merkwürdigen Menschen blieb auch für den Leser der Impuls, zum Eigentlichen seines Lebens vorzudringen, zu dem, was in jedem Leben wirklich zählt, und nicht bei dem berühmten Spruch von Karl Valentin stehen zu bleiben: »Heute in mich gegangen – auch nichts los.«

Es ist eine merkwürdige Eigenart des Rheinländers, lauthals zu verkünden: Ich bin dann mal weg, während er immer noch stämmig mit seinen zwei Zentnern mitten im Raum steht. Aber Hape Kerkeling war wirklich weg. Seine Pilgerschaft dauerte sechs Wochen, und es ging übrigens keinesfalls immer sehr geistlich zu auf der anstrengenden, frommen Wanderung. Zwischenzeitlich hadert er nicht nur mit seinen schmerzenden Füßen, sondern auch mit seiner Kirche, doch er geht dennoch ganz ernsthaft in den Gottesdienst, und dann am 3. Juli 2001, passiert es. Er hat eine tiefe Gotteserfahrung. Und obwohl er sonst das Herz auf der Zunge trägt und als glänzender Entertainer in der Lage ist, sogar aus jeder Kleinigkeit ein wirklich köstliches Spektakel zu machen – macht er daraus kein Spektakel, sondern berichtet diskreterweise nichts Näheres.

Echte persönliche Gotteserfahrung ist etwas sehr Intimes, und es gibt eine natürliche Scheu, darüber öffentlich zu reden. Thomas von Aquin, der wohl größte Gelehrte des Mittelalters, hat eine solche Erfahrung am Ende seines Lebens gemacht und dann nichts mehr geschrieben. Der atheistische Sohn des Gründers der kommunistischen Partei Frankreichs, André Frossard, betrat am 8. Juli 1935 eine kleine Kapelle in der Rue d'Ulm in Paris, um dort einen Freund zu suchen. Fünf Minuten später verließ er als gläubiger Mensch das Gotteshaus. Erst 35 Jahre später hat er ein Buch darüber geschrieben. »Gott existiert, ich bin ihm begegnet« wurde ein Weltbestseller.

Existenzielle Erfahrungen kann man nicht absichtlich produzieren. So etwas ereignet sich. Das ist mit der Liebe so und auch mit der Erfahrung Gottes. Es gibt freilich Atmosphären, die für Liebeserfahrungen besonders günstig zu sein scheinen, und auch Gotteserfahrung ereignet sich wohl eher, wenn man mal aus dem ständigen Getriebe des Lebens aussteigt, wie Hape Kerkeling das gemacht hat. Dann entgeht man wenigstens für eine gewisse Zeit all den bedrängenden gefälschten Welten, in denen zu leben wir gezwungen sind. Das kann aber nicht nur ein Promi, das kann jeder. Es müssen auch nicht gleich sechs Wochen nach Santiago sein, es reicht vielleicht auch mal ein Wochenende im Kloster oder eine Stunde in einer Kirche oder einfach nur ein bewusstes Innehalten für einen kurzen Moment.

Existenzielle Erfahrungen sind keine Erfahrungen bloß für Feiertage. Sie können uns im Alltag zustoßen, plötzlich und unerwartet. Die Wahrheit blitzt auf im Moment, hat Platon in seinem berühmten siebten Brief gesagt. Aber auch die Liebe tut das. Und solche Momente sprengen die Zeit. Dabei geht es nicht darum, dass man im Leben plötzlich so etwas wie einen religiösen Raumspray wahrnimmt, eine merkwürdige Energie. Sinnerfahrungen haben wie die Liebe personalen Charakter, man fühlt sich persönlich gemeint. Und solche existenziellen Erfahrungen können plötzlich befreien aus der gefälschten Welt. Die Frau, die Truman Burbank aus Liebe aus seiner künstlichen Welt befreit, bittet am Ende auch Gott, ihm zu helfen. Und das Schiff, auf dem er sein Welttheater verlassen will, heißt »Santa Maria«, wie das Schiff des Christoph Columbus, der den Mut hatte, auszusteigen aus seiner alten Welt in eine ungeahnte neue Welt.

Vielleicht ist es aber wichtig, sich den Ausstieg nicht zu spektakulär vorzustellen. Man muss nicht gleich alles aufgeben und mit Rucksack und Isomatte durch die Welt ziehen. Hape Kerkeling verzichtet ganz realistisch darauf, sich in einer kargen Pilgerherberge nachts in den Schlaf zu quälen. Er übernachtet lieber in netten kleinen Hotels. Wir alle leben unvermeidlich in dieser gefälschten Welt mit all ihren Vor- und Nachteilen, und das ist auch ganz gut so. Wir bauen ja sogar selbst mit daran. Diese Welt ist bunt und schön und abwechslungsreich, und manchmal ist sie sogar köstlich wie ein guter Wein. Aber man muss aussteigen können. Wer nur noch im Wein Wahrheit sucht, wird sich bald selbst verlieren. Solange man also weiß, dass die Welt gefälscht ist und es gefährlich ist, sich ganz in ihr zu verlieren, hat man noch die nötige Distanz. Aber wenn man die wichtigste Frage in der Psychiatrie, die Frage »Wie geht es hier raus?«, nicht mehr beantworten will oder kann, wenn man nicht mehr die Freiheit hat, in die existenzielle Welt vorzudringen, dann wird man zur Marionette in einem Theater, in dem andere die Regie führen.

Wer will schon, dass bloß das eigene modisch durchgestylte Wohnzimmer das zusammenfassende Denkmal seines Lebens wird nach dem Motto: Das war er. Und wenn sie allzu zudringlich wird, die gefälschte Welt, und weit und breit kein Jakobsweg in Sicht ist, wenn die Verhältnisse es einem unmöglich machen, wegzugehen, dann kann auch so etwas reichen wie eine innere Kündigung, also innerlich einfach mal die Sichtweise zu ändern. Man muss nicht gleich ein Aussteiger sein, um auszusteigen. Frank Schirrmacher hat in seinem »Payback« darauf hingewiesen: »Menschen können ›geweckt‹ werden, sie reagieren, wenn sie mit einer anderen Perspektive konfrontiert werden. Sie sind bereit, ihre eigenen Annahmen in Frage zu stellen und neu zu denken.«

Wie nie zuvor sind Menschen heute daran gewöhnt, die Perspektive zu wechseln. Schon der Flug in ein anderes Land ist so etwas wie ein Ausstieg aus einer Welt und der Einstieg in eine neue. So sollte heutigen Menschen der Ausstieg aus dem falschen Film, in dem sie leben, kein völlig fremdes Unternehmen sein.

Hape Kerkeling schreibt zu Recht: »Fast jedes Leben lässt sich doch am Ende auf ein Dutzend entscheidende Prüfungen reduzieren, die es ausgemacht haben. Jeder Nachruf hätte sonst Millionen von Seiten. Wenige Dinge sind im Leben wirklich wichtig, und wenn man sich eingehend selbst erforscht, stellt man fest, dass man auch nur wenige echte Herzenswünsche hegt.« Niemand also sollte sich durch die zahllosen Schein-Welten davon abbringen lassen, existenziell zu leben, das heißt, im Angesicht des unvermeidlichen Todes und im Bewusstsein der Unwiederholbarkeit jedes Moments und jeder Person zu lieben, zu glauben und sich ergreifen zu lassen von Schönheit, die eine Ahnung von Ewigkeit ist.

Das gilt schon für einen prachtvoll schönen Herbstabend, den man sich nicht von Meteorologen, wackeren Bewohnern der Wissenschaftswelt, schlechtreden lassen sollte, die neulich behaupteten: »Das vermeintlich schöne Herbstwetter ist in Wirklichkeit nichts anderes als eine Dürreperiode.«

Aber Existenziellem begegnen wir vor allem bei Menschen. Als Marcel Reich-Ranicki am 27. Januar 2012 im Deutschen Bundestag seine berührende Rede über die erschütternden Erfahrungen im Warschauer Ghetto beendete, trat Schweigen ein. Niemand applaudierte, denn da hatte jemand nicht für Beifall geredet. Da hatte sich etwas ereignet, und man war dabei gewesen. Die Abgeordneten erhoben sich. Und erst nach einer gewissen Zeit begannen sie zögernd zu klatschen.

Auch in der Kunst ereignet sich Existenzielles. Echte Kunst kann uns herausreißen aus dem Alltagstrott und unseren Blick wieder auf Wesentliches lenken. Und echte Kunst ist nicht künstlich, sondern im Gegenteil, echte Kunst ist wahr, und echte Künstler schaffen ihre Kunst nicht bloß eigennützig, sondern um andere Menschen auf Existenzielles zu verweisen. So können uns Dostojewskijs »Brüder Karamasow« für die Wahrnehmung von Gut und Böse öffnen, ein Liebesfilm regt unsere eigenen Emotionen an, und eine Melodie im Radio lässt uns vielleicht Gott ahnen.

»Unsere Welt ist pervers, das Leben ist zerbrechlich«,

sagt der zynische Regisseur in der »Truman-Show«. Dabei ist es in Wirklichkeit umgekehrt: Wenn man das Leben existenziell lebt und erlebt, wenn man die Zeit seines Lebens nicht vertreibt oder totschlägt, sondern füllt, dann kann das Leben schön sein, trotz allen Leids, und jenseits seiner Kulissen Ahnungen von Ewigkeit offenbaren, Ahnungen von etwas, das bleibt. Als Truman Burbank durch die Ausgangstür geht, hört man Mozart, den türkischen Marsch.

Stellen Sie sich vor, liebe Leserinnen und Leser, Sie wachen auf und sind plötzlich ganz in Ihrer existenziellen Welt. Sie erleben Menschen, die Sie um ihrer selbst willen liebenswürdig finden und die ihrerseits Sie um Ihrer selbst willen liebenswürdig finden. Sie erleben wirklich gute Menschen, die uneigennützig handeln, oder auch Verbrecher, die ungeschminkt das Böse tun, und Sie erleben manches Wirre und Unausgegorene, aber auch einen wirklichen Sinn im Ganzen der Welt, in der Sie wirklich leben, der nicht weggeschwätzt wird durch läppische Theorien, sondern den Sie sehen in jeder echten Zärtlichkeit zwischen Menschen, in jeder Tätigkeit einer Ameise, in jeder Schönheit einer Orchideenblüte. Es ist eine Welt wohl mit größeren Kontrasten zwischen Sinn und Unsinn, Schönheit und Hässlichkeit, Gut und Böse, aber es ist die reale Welt, die wirkliche Welt von uns allen, die Heimat, in die wir als Kinder hineingeboren wurden, die wir betasteten, sahen, hörten, rochen und schmeckten, die Heimat, die uns dann durch all die vielen gefälschten Welten, die sich uns aufdrängten, zeitweilig entglitt, aber in die wir, wenn wir nur wollen, wenigstens für Momente oder sogar dauerhaft zurückkehren können, wenn wir unseren existenziellen Erfahrungen wieder trauen.

Es kann der Anblick eines anrührenden Menschen sein, der uns aufwachen lässt, das tröstende Wort, die anmutige Geste, es kann das Rauschen von hohen Pappeln sein, die sich langsam im Wind wiegen, oder der Flug eines Kranichs, und es kann Musik sein, vielleicht »Air« von Johann Sebastian Bach.

Manfred Lütz

Der blockierte Riese

Psycho-Analyse der katholischen Kirche

Ist die katholische Kirche noch zu retten? Der bekannte Psychotherapeut Manfred Lütz sieht diese Kirche in einem ganz neuen Licht. In ihrem Alltag spiegelt sie das Verhaltensrepertoire einer typischen Alkoholikerfamilie wider. Sie ist gelähmt durch eine gewaltige Selbstblockade. Wie aber wäre es, diesem blockierten Riesen mit erfolgreichen Methoden moderner Psychotherapie zu Leibe zu rücken. Paul Watzlawick schrieb das Vorwort und seine revolutionären Ideen inspirierten das Buch. Der Autor erklärt diese neuen Methoden, er lüftet die Geheimnisse jener rätselhaften Institution und deckt ihre versteckten Ressourcen auf. »Der blockierte Riese« ist geeignet für psychotherapeutisch Interessierte mit einer Schwäche für exotische Fälle, für unkonventionelle Atheisten ohne Tabus und für Christen, die das Jammern satthaben. Aktuell wie selten zuvor.

»Ein bemerkenswertes Buch.«
Paul Watzlawick

Manfred Lütz

Gott

Eine kleine Geschichte des Größten

»Gott sei Dank, Gott existiert nicht. Wenn aber, was Gott verhüten möge, Gott doch existierte?«
Unter der Feder von Bestsellerautor Manfred Lütz wird aus der Frage nach Gott ein spannendes Lesevergnügen, das aufgeklärte Skeptiker wie nachdenkliche Gläubige gleichermaßen bereichert. Immer wieder unterbricht Lütz seine schlüssige Reflexion mit hinreißenden Geschichten über Menschen, die es mit dem lieben Gott aufnahmen. Er nimmt Elton Johns Auftritt auf der Trauerfeier für Lady Diana ebenso unter die Lupe wie die Argumente »der besten Atheisten der Welt«. Nach der Lektüre legt man ein reiches, kluges Buch aus der Hand – und fühlt sich bestens unterhalten. Mit Gott.

»Ein lehrreicher, vergnüglicher, polemischer Reader.«
Der SPIEGEL

Das Buch wurde 2008 mit dem
internationalen Buchpreis »Corine«
als bestes Sachbuch ausgezeichnet.

Manfred Lütz

Lebenslust

Wider die Diät-Sadisten, den Gesundheitswahn und den Fitness-Kult

Unsere Vorfahren bauten Kathedralen, wir bauen Kliniken. Unsere Vorfahren retteten ihre Seele, wir retten unsere Figur. Keine Frage: Wir haben eine neue Religion – die Gesundheitsreligion. Wir kasteien uns mit Diät- und Fitnessterror und vergessen darüber fast alles, was das Leben ausmacht. Höchste Zeit also für eine lustvolle Verteidigung der Lust!

»Lebenslust« ist ein Buch, das Lust macht. Aber es bietet nicht nur eine entlarvende Satire auf unsere Gesundheitsgesellschaft, es sagt auch, wie es anders gehen könnte, und entfaltet dazu ein fesselndes spirituelles Konzept.

»Manfred Lütz lehrt mit Witz
die Kunst zu leben.«
FAZ